# 閱讀在領域教學的實踐

林巧敏 編著

本書探討如何透過閱讀提升學校教學成效，涵蓋閱讀策略應用、文本選擇與教學實踐，藉此促進學生批判性思維、建立跨學科連結和理解，培養自主學習力和終身學習態度。
本書適合教師與閱讀相關工作者參考。

元華文創

# 序 言

多年來在政治大學圖書資訊學碩士在職專班擔任教學，講授過的課程有《圖書館管理》、《圖書資訊學研討》和《資訊素養與教學》，尤其是《資訊素養與教學》這門課旨在講授資訊素養和學校閱讀教學的理論與實務，課程修讀對象是在職專班研究生，有半數以上都是國中小學校的現職教師，在課程中不乏與這些研究生身份的學校老師，彼此討論並分享在學校教學的甘苦和經驗，同時也指導這些學校老師的研究生，基於工作場域的需求，設計研究問題、構思論文題目、進行教學研究。在某次研討會與其他大學教師交流時，提及曾在臺灣博碩士論文知識加值系統瀏覽過不少我指導的學生論文，其時頗感汗顏不安，自是不免上網親自查詢一番，才發現我指導完成與學校閱讀教學或是閱讀推廣有關的學位論文，已有二十餘篇之譜，其中更不乏點閱率超過千次以上，尤以運用閱讀策略融入教學的論文點閱次數較高。因此，心中埋下能否重新梳理並組織整理這些論著的想法，但這想法之後竟被擱置五年之久。

尤其這兩年我和在職專班學生經營的論文，有更多的議題是以不同閱讀文本運用於教學，或是採用不同閱讀策略融入教學，實施的課程也不以國語文教學為限，最大的收穫是看到閱讀教學對於學生學習的影響和成效，而授課教師也能自此改變

教學的方式，嘉惠更多的受教學生。此前曾經萌生整理論文出版的想法又再度燃起，加上也有些學位論文陸續改寫成期刊論文通過學術審查刊登，有了通過審查的鼓勵，讓彙整論文出版的想法更有底氣。但真的開始著手整編工作才發現比想像中更為困難。我著手檢視歷年畢業的相關論文題目，將論述聚焦於閱讀在不同領域的教學運用為主，精選新近完成的研究或是已通過學術審查的期刊論文為優先收錄對象，共選出六篇實務調查或是教學實驗的研究論文，若屬已曾發表於期刊的論文，則重新檢視內容和修整文字，並於文末加上後記註明原刊載的期刊篇名和出處提供參考。若是直接根據學位論文改寫者，則沿用期刊論文發表格式重新撰擬內容，並於文末註明原學位論文名稱。

　　本書首尾兩章做為開頭和總結，分別為緒論和結語，第二章和第三章是關於閱讀融入領域教學的調查研究，主要採用問卷及訪談研究方法，瞭解教學現場教師對於閱讀教學以及運用多元文本教學的意見和教學需求，第四章至第七章則是在教學現場實際實施閱讀融入不同領域教學的實證研究。此番集結相關論述予以出版，一方面是為過往實施的教學實驗留下紀錄，另一方面也希望能為推廣閱讀教學提供些許實證研究經驗，是以不揣鄙陋，願效野人獻曝之舉，期許能拋磚引玉，就教於方家。

　　然而本書得以順利完成，衷心感謝各章共同作者的授權，嘉雲、儷馨、稚妍、香緗和家文，謝謝你們即使畢業後在繁忙工作之餘，依舊欣然接受我的寫作叨擾，也讓我們有機會修正

畢業當下論文不足之處。本書付梓之際，雖經審閱文字，仍不免有謬誤或疏漏之處，尚祈各方先進指教。

林乃敏 謹致
2024 年 8 月 20 日於國立政治大學集英樓研究室

# 目 次

序　言 ·································································· i

第一章　緒論 ························································ 1

第二章　國小圖書教師與學科教師協作教學 ············· 7

第三章　檔案融入中學歷史課程之意見調查 ··········· 49

第四章　探究式教學融入歷史課程教學實例 ········· 109

第五章　繪本融入國小性平教育之教學實例 ········· 157

第六章　繪本創作融入美感教育之教學實例 ········· 201

第七章　閱讀策略融入數學課程之教學實例 ········· 243

第八章　結語 ······················································ 281

# 第一章　緒論

林巧敏[1]

　　閱讀是所有知識建構的基礎，閱讀有助於學童腦力的開發、語言能力的發展，更能啟發想像力和創造力，甚至可以內化個人認知，整理出完備的知識。宋儒朱熹在《觀書有感》的詩句：「半畝方塘一鑑開，天光雲影共徘徊，問渠那得清如許，為有源頭活水來」，以寧靜清澈的一方小池塘來比擬自己讀書有得的心境，猶如鏡子倒映著天光雲影，感受到無限的清澈澄明，這樣千古傳誦的詩句，道出悠遊於知識泉源的神態。道盡閱讀不僅能涵納前人智慧，也能怡情悅性、陶冶心靈。

　　在知識經濟時代，閱讀更成為蓄積國家實力的重要基礎，各國莫不以閱讀為國民教育主軸，並推動各項活動促使閱讀素養向下紮根。1995 年聯合國倡導 4 月 23 日為世界書香與版權日，號召各國對於閱讀的推廣和重視。英國以 1998 年為閱讀年，開始在小學增設語文課程（literacy hour），且訓練教師教導學童閱讀；美國於 2001 年提出「把每一個孩子帶上來」（No Child Left Behind）的教育改革方案，政策主軸為「閱讀優先計畫」（Reading First），並號召各州提出有效提升閱讀的計畫；

---

[1] 國立政治大學圖書資訊與檔案學研究所教授

澳洲的「國家讀寫與數學計畫」（National Literacy and Numeracy Plan）將閱讀列為核心教育政策，致力於營造閱讀環境與培訓閱讀教師。臺灣自 2008 年「悅讀 101-教育部國民中小學提升閱讀計畫」大力推動學校閱讀教育，不僅增加學校購書及設備經費，也結合社會資源推廣閱讀、表揚閱讀績優學校，全面性的推動閱讀教育（林巧敏，2009；黃玫溱，林巧敏，2009；林于心，2020）。

2000 年由經濟合作暨發展組織（OECD）主導的「國際學生評量方案」（Programme for International Student Assessment，簡稱 PISA），及 2001 年「促進國際閱讀素養研究」（Progress in International Reading Literacy Study，簡稱 PIRLS），更是開啟了在國際學術競賽中，將閱讀力視為國家未來競爭力之象徵。閱讀素養不僅影響學校學齡階段的學習，也培養個人終身學習的基礎。個人若能具備良好的閱讀能力，自然能夠持續獲取新知識，適應不斷變化的世界，更能在職業生涯中保持競爭力。

雖然閱讀的價值已受到社會的重視和肯定，但閱讀素養無法速成，需要落實到學校教育課程中，我國十二年國民基本教育強調培養學生「核心素養」能力，希望學習不以學科知識和技能為限，必須關注學習與生活的結合，透過實踐力行而彰顯學習者的全人發展，讓學生所學不僅限於考試、學校成績需要的知識，而是能夠因應社會生活需求，具備能夠找尋資訊、判斷資訊和利用資訊的能力，同時能夠具備自發性閱讀，並擁有批判、思考、解決問題的能力。而閱讀教學正是能夠串接各領

域學科教學內容，延伸學科知識到生活實踐的教學方案。換言之，培養學生具備閱讀素養可以跨越學科界限，將不同學科的知識連接起來，形成整體的理解，這對於建構解決複雜問題的能力，無疑是提供了理想的學習方法。因此，將閱讀融入學校教學是培養學生核心素養能力的最佳途徑。

然而，學校將閱讀融入各學科領域教學，需要教學者設計教學活動並運用各種教學策略，教學過程需要選擇適合的閱讀材料、進行教學設計、導入教學活動，進而根據學生反饋瞭解學習成效。教師規劃創新和有計畫的教學策略，目的在於確保學生能夠從閱讀教學及活動中，獲得最大的收益。學校實施閱讀教學可以藉由圖書教師與學科教師進行共備課程和協作教學作為開端，根據不同學科的教學目標，選擇與該學科相關的閱讀材料，提供多元文本與閱讀材料，讓學生接觸到學科領域適合學習程度的各種資訊，鼓勵學生探索自己的興趣。設計學習活動能讓學生在閱讀相關材料後，將所學知識應用於現實問題的反思，學習從多角度思考問題並提出解決方案。

目前多數學校已將閱讀融入教學當成重點工作，透過課程設計整合校內課程提出重大議題探究，並透過多元文本與閱讀策略教學，促進學生閱讀素養能力，同時能經營學校教師社群，發展課程共備，讓閱讀不只停留在辦理活動的層次，而是投注更多的心力在於經營閱讀素養教學融入各領域課程，也能夠藉由議題設計開展跨領域合作教學的契機（林巧敏，2024）。

有鑑於將閱讀融入各領域教學的重要性，本書收錄的內容是以在國中小學校實施閱讀教學的實證型論文為主，為首兩篇分別介紹圖書教師與學科教師協作教學的意見調查，以及歷史科教師對於檔案素材（多元文本）融入教學的意見，藉由問卷與訪談研究方法，瞭解教學現場教師對於閱讀教學協作以及運用多元文本教學的意見和教學需求。接續四篇為不同領域學科導入多元文本和閱讀策略教學的實例，有採用探究式教學融入歷史課程教學的研究，或是採用繪本融入國小性平教育之教學，或是以繪本創作融入美感教育的創新教學，最後是將閱讀策略融入數學課程試圖提升學生解題能力的教學研究。至於為何立意選擇將閱讀教學融入這些學科領域的實作，其實是配合教學現場教師的參與意願，四篇不同領域學科的實證教學經驗，是由國中小學校現職教師擔任教學實踐者，於課堂進行閱讀素養融入教學的研究，藉由教學實驗與成效分析，改善閱讀融入領域教學的設計，本書彙整這些實證研究成果，希望對於學校進行教學規劃和設計領域課程融入閱讀教學時，能有具體實施案例可供參考，期許對於推動閱讀融入各領域教學的實踐能貢獻些許心力。

## 參考文獻

林于心（2020）。高中學生閱讀不同類型文本之理解策略分析

──以某技術型高中為例（未出版碩士論文）。國立政治大學圖書資訊學數位碩士在職專班，臺北市。

林巧敏（2009）。推動國中小學童數位閱讀計畫之探討。**臺灣圖書館管理季刊**，5（2），49-67。

林巧敏（2024）。113年圖書館閱讀推動教師回流教育北一區國中場次實錄。**圖書教師電子報**，第85期。

黃玫溱、林巧敏（2009）。推動閱讀計畫之構想與建議。**圖書與資訊學刊**，1（3），48-60。

# 第二章　國小圖書教師與學科教師協作教學

林巧敏[2]

羅嘉雲[3]

　　本文旨在探討臺灣國小圖書教師與學科教師協作教學情形，利用問卷法及半結構式訪談，分析圖書教師對於協作教學的認知、執行情形與實務推動遭遇的問題，同時分析教師性別與年資等背景有否有認知差異，調查發現圖書教師與學科教師在協作合作程度上呈現不同層次的合作樣貌，在協作內容上，圖書教師對於將圖書館利用教育融入學科教學及提供館藏資源予學科教師的合作，認同度最高，對於共同設計教學及準備教材的認同度低；協作教學最大問題是共同討論時間不足，教師背景對於協作教學認知的影響不大。建議可加強圖書教師在協作教學的增能研習，學校可制定圖書教師與學科教師的協作教學計畫，透過行政整合與計畫執行，提升圖書教師教學夥伴的角色。

---

[2] 國立政治大學圖書資訊與檔案學研究所教授

[3] 新北市新店區青潭國民小學教師

## 壹、前言

　　學童在學校教育養成過程中，圖書館是提供各類資源及支持教學最重要的場所。臺灣教育部自 2009 年開始在國民小學設置「圖書館閱讀推動教師」（簡稱圖書教師），以減授課程鐘點 10 小時的方式，由學校推薦一位熱心推動閱讀的教師，負責該校圖書館經營與閱讀推廣業務，並期許圖書教師提供各種主題資訊，擴大學生學習環境，實現教學目標與任務，進而與學科教師建立協作教學，協助教師培養學童成為獨立自主的學習者（林菁、陳昭珍、陳海泓、賴苑玲、簡馨瑩，2011）。

　　臺灣圖書教師制度已實施有年，圖書教師對於學童資訊素養與閱讀教育工作，已有明顯成效與影響力。過往研究顯示圖書教師參與學科教學的協作情形，低於進行圖書利用教育、提供課程相關館藏、閱讀推廣活動等工作項目（曾禮珍，2015）；不但在教學夥伴的角色著墨較少，也缺乏閱讀團隊工作的合作對象（周秀芬，2012；卓珊瑜，2014）。

　　然而，研究顯示圖書教師與學科教師的協作教學是幫助學生學習的最佳模式（Buzzeo, 2002；Kennedy, & Green, 2014）；圖書教師與學科教師組成的教學團隊能夠指引學生探究學習的過程，同時透過資訊素養融入教學，可培養學生成為終身學習者（Kuhlthau, Maniotes, & Caspari, 2007）。如果教師對於協作教學抱持正向積極的態度，學童更能達到顯著的學習成效（陳靖玫，2014）。

有鑑於此，本文希望瞭解臺灣地區國小圖書教師對於協作教學的認知與合作情形，採用問卷調查法蒐集所有圖書教師的意見，希望探討的問題包括：圖書教師對於協作教學的自我認知與態度為何？圖書教師與學科教師已建立協作教學的實施方式及模式為何？協作教學所遭遇的困境為何？如何解決這些問題？圖書教師如果尚未與學科教師建立協作教學的原因為何？

　　考量問卷調查結果僅能呈現現象，本文希望能探究背後原因與想法，故輔以半結構式訪談，進一步分析圖書教師推動協作教學的經驗及其實施的困難，期許本文研究結果可提供臺灣教育主管機關對於圖書教師協作教學制度與政策發展的參考。

　　本文研究目的分述如下：

一、瞭解圖書教師對於教學夥伴角色的認知程度。
二、瞭解圖書教師與學科教師協作教學實施的現況。
三、探討圖書教師與學科教師協作教學曾經遭遇的困難與解決方式。
四、提出圖書教師與學科教師協作教學未來發展建議。

## 貳、文獻探討

　　本文首先敘明圖書教師之工作與職責，以瞭解圖書教師推動協作教學之必要性，繼而說明協作教學之理念與協作教學的層次，作為研究問卷調查與訪談內容設計之基礎，最後彙整分

析過往有關協作教學之實證研究結果，說明本文重點與前人研究之差異。

## 一、圖書教師的工作與職責

圖書教師（teacher librarian）是指具有教師資格且受過圖書資訊專業訓練者，在美國又稱為「圖書館媒體專家」（school library media specialist）、「學校圖書館員」（school librarian）。1988 年美國學校圖書館員協會（American Association of School Librarians, AASL）與美國教育傳播暨科技學會（Association for Educational Communications Technology, AECT）所發表的《資訊力量》（*Information Power：Building Partnerships for Learning*）對學校圖書館媒體專家所扮演的角色有具體的說明，將圖書館媒體專家定義為資訊專家（information specialist）、教師（teacher）與教學顧問（instructional consultant）三個角色，圖書教師主要任務在於負責學校圖書館之經營、推動閱讀與資訊素養活動、提供資訊協助教師教學，以及與教師協同教學等，以提昇教師教學品質、學生閱讀興趣，並使學生具備自學能力（AASL & AECT, 1998）。

臺灣教育部自 2009 年 9 月起依據「悅讀 101-教育部國民小學提升閱讀計畫」試辦「縣市增置國民小學圖書館閱讀推動教師實施計畫」。實施至今每年約有 300 所國小接受教育部補助實施圖書教師計畫，藉由圖書教師推動校內閱讀教育，並整合學

校、家長及民間團體資源，協助校內師生運用圖書館資源進行教學與閱讀推廣活動，擴大學校閱讀教育參與的面向。圖書教師逐漸成為學校主要的閱讀推動者，其角色及任務有下列四項（陳昭珍、趙子萱，2010）：

（一）教師（teacher）：圖書教師教授圖書館利用指導，協助學童挑選適合的書籍，指導學童利用圖書館資源完成作業。

（二）教學夥伴（instructional partner）：圖書教師與教師建立合作關係，協助教師培養學童獨立研究、資訊素養、資訊科技、批判性思考的能力，幫助學童成為獨立自主的學習者。

（三）資訊專家（information specialist）：圖書教師以課程和學童興趣為主，徵集及購買各種圖書及多媒體資源，組織館藏、建立資料庫、網站、部落格等，幫助兒童獨立閱讀，培養其終身學習習慣。

（四）行政管理者（administrator）：圖書教師規劃、管理並領導學校圖書館的發展，建立圖書館規則、管理圖書館預算、規劃吸引人的閱讀空間，營造開放、積極並創新的學習氛圍。

研究調查顯示，目前圖書教師的主要工作為圖書館經營與圖書館利用教育、發展課程館藏以支援教學和推廣閱讀活動，圖書教師認為在學校圖書館經營與教學的困境，包括：角色定位不明、權責劃分不清、工作量太大、圖書教師流動率高、教學與備課時間不足，以及缺乏閱讀工作團隊夥伴（周秀芬，

2012；黃淑琴 2014；卓珊瑜，2014；曾禮珍，2015）。

教育部發展閱讀推動教師制度至今，圖書教師已成為各校推動閱讀的重要角色，學校圖書館也成為資訊利用教育的核心場所。但圖書教師仍面臨到缺乏閱讀教學夥伴的問題，對於協作教學的角色也難以發揮。因此，本文研究聚焦關注此一議題，探究圖書教師對於協作教學之認知與執行情形，期許可提供圖書教師發展協作教學制度規劃之參考。

## 二、協作教學的理念與實施

協作教學是由兩個或兩個以上教育人員組成教學團，依個人專長彼此分工，共同規劃及合作完成教學，其優點為教師得以各展所長，學生可以獲得最大助益，是一種使教學更趨合理、有效的教學法（張清濱，1999）。推動協作教學的要素，包括：學校政策的支持、學校場地的配合以及教師的人格特徵及行為（例如：能溝通、有彈性、有自信）。因此，協作教學的備課歷程不同於一位教師的備課，首要之務是必須找到討論的時間（蕭福生，2000）。協作教學提供教學者多元化的教學模式，也能加強教師之間的專業交流，促進團隊合作；另一方面也能讓學生獲得教師更多的關注及支援。此外，協作教學的完成是需要教師間建立良好的合作關係，有共同的教學目標，才能在整個教學歷程中不斷的溝通、修正及省思。

發展協作教學的過程如下（張清濱，1999；張哲豪，

2001）：

（一）組成教學團：依教學模式的不同，而有不同的組合，最好是由經驗豐富且有領導能力的教師，擔任主任教師負責策劃、主持、推動整個教學團之運作。

（二）妥善規劃設計：教學團成員針對教學目標與內容進行籌劃及溝通協調，並建立分工合作機制。

（三）研擬教學流程：經由多次開會、討論，研商教學內容，進行各科教學設計，參與的教師要針對所分配的角色，分工準備，最後經討論修正，將計畫定案，準備實施。

（四）進行教學活動：教學方式可視課程及教學需要進行大班教學、小組討論或者獨立學習的協作教學活動。

（五）共同評鑑：教學結束後進行兩種評鑑，一是學生的學習評量，瞭解學生學習情形；另一是協同教學的評鑑，檢討教學過程、教學內容以及各項行政工作的配合等，提供修正參考。

協作教學是一個合作的歷程，打破過去教師單打獨鬥的形式，教師得以發揮各自所長，學生能受益良多。但圖書教師對於推動協作教學可能缺乏經驗與學習典範。因此，Loertscher（2000）認為圖書館可支援教學發展的工作層次，由最低參與到融入課程參與教學可分為八個層次，其後陳娟玫（2009）比較對照 Montiel-Overall（2005, 2006）及 Loertscher（2000）的內容，根據學校教師與圖書館互動程度，提出圖書館可支援教學服務的十個層次，說明如下（表 2-1）：

表 2-1　圖書館支援教學服務工作層次說明表

| 十個工作層次 | 圖書館支援教學工作內容 |
| --- | --- |
| 層次一：不參與 | 未參與且教師未提供與教學有關之工作與服務。 |
| 層次二：提供基礎資訊 | 1.提供館藏資源的蒐集、採購、保存及流通。<br>2.提供館藏相關資訊。<br>3.提供教師及學生便利的資訊使用空間。 |
| 層次三：提供參考諮詢服務 | 1.提供適當之參考諮詢及協助。<br>2.指導個別學生運用各類型資料的技巧。 |
| 層次四：推薦提供館藏資源 | 1.提供教師新的資源以供教學使用。<br>2.評估新的館藏資源對教學及學習之適應性。<br>3.推薦新的館藏資源給教師及學生。 |
| 層次五：配合教學發展館藏 | 1.配合教師的教學提供相關館藏資源。<br>2.調整現有的教學資源以符合教學或學習所需。 |
| 層次六：計畫性建置學習資源 | 1.主動發掘教學、學習需求並蒐集相關館藏。<br>2.協助教師設計及編輯教材。 |
| 層次七：積極推廣服務 | 1.主動提供教師館藏教育訓練。<br>2.主動舉辦講習活動。<br>3.於課堂中指導學生運用資源的技巧。<br>4.評估館藏支援教師教學的成效。 |
| 層次八：發揮教學資源中心功能 | 1.與教師協調課程的教學計畫。<br>2.舉辦資訊素養活動，增強師生使用資源的能力。<br>3.訓練及鼓勵教師及學生使用圖書館相關資源及設備，延伸教學與學習。<br>4.在教師編製教案時，提供適當的資訊素養課程內容。 |
| 層次九：發展完善的學習計畫 | 課程安排能延伸教師教學及促進學生學習。 |

| 十個工作層次 | 圖書館支援教學工作內容 |
|---|---|
| 層次十：參與課程教學 | 1.參加課程發展會議。<br>2.與教師共同規劃課程的教學內容。<br>3.提供相關館藏內容融入教科書內容。 |

資料來源：陳娟玫（2009）。技職校院圖書館支援教學之研究（未出版碩士論文）。臺灣大學圖書資訊學研究所碩士論文，臺北市。

　　若圖書教師與學科教師能形成良好的合作關係，一起設計教案並完成教學活動，在教學過程中，充分運用課本以外的學習資源，讓學生不僅可接觸多元化資訊，亦可培養獨立思考能力，從而獲得自主學習的樂趣，才能真正發揮圖書教師協助教學的功能。

## 三、圖書教師協作教學相關研究分析

　　分析國內圖書教師在協作教學的相關研究，以在教學場域進行行動研究或採準實驗研究法為多，探討重點是經由協作實驗教學瞭解實施過程與教學成效。過往針對協作教學所探討的研究對象多以國小或國中為實施教學場域，研究結果雖呈現對於協作教學成效的肯定，但在協作教學實施過程中，會有共同時段課表編排不易、場地易受干擾、教學設備資源不足、教師缺乏相關知能的研習、授課時間壓力以及額外的行政負擔等問題。整理分析相關研究結果，表列說明如下（表 2-2）：

表 2-2　國內圖書教師與學科教師協作教學相關研究整理表

| 研究者及年代 | 研究主題 | 研究對象 | 研究方法 | 研究結果 |
|---|---|---|---|---|
| 陳淑慧（2004） | 圖書館利用教育協同教學之研究－以臺北市立明湖國民中學為例 | 明湖國中七年級教師及學生 | 1.教師訪談 2.學生問卷 | 1.實施協作之困難包括：共同時段課表的編排不易、場地易受干擾、教學設備資源不足、教師知能研習缺乏、教學時間壓力及額外的負擔，且應在行政領導下提供相關配套措施並克服學生學習不夠專注、課程內容編排等問題。 2.實施「圖書館利用教育」協同教學有助於教師專業成長、創新教學，學生可獲得較多指導並培養解決問題的能力。 |
| 林菁、李佳憶（2009） | 國小圖書教師與班級教師合作設計資訊素養融入教學 | 某國小圖書教師 | 行動研究 | 提出國小圖書老師與班級教師合作資訊素養融入教學在各階段之可行策略為： 1.在合作開啟階段圖書教師與班級教師互相主動邀請，或參與學校的研究計畫以開啟合作的契機。 2.在合作階段圖書教師與班級教師於寒暑假期間開始合作討論下學期欲進行之資訊素養融入教學的細節，惟教學進度可以保持彈性。 |

| 研究者及年代 | 研究主題 | 研究對象 | 研究方法 | 研究結果 |
|---|---|---|---|---|
| | | | | 3. 在合作實行階段雙方應訂定固定的討論反省時間並盡量實施協同教學。<br>4. 在合作評量階段雙方共同規劃評量的形式和標準，並一起進行評量。<br>5. 在合作反思階段圖書教師根據合作過程與反省，編製合作紀錄檔，供日後參考。 |
| 王秀惠（2010） | 從景文科技大學「教師協同推廣圖書館資源」探究教師對圖書館資源與服務之需求 | 協同實施推廣圖書館資源融入教學的教師 | 1.內容分析<br>2.訪談<br>3.問卷 | 1. 教師支持館藏資源融入課程的原因為：希望讓學生多認識圖書館資源、希望引起學生對課程的學習動機、提高所屬系所的借閱率、圖書館資源非常適合應用於自己的課程、教師自己對館藏資源運用很嫻熟以及配合學校評鑑加分等。<br>2. 教師們將圖書館服務與館藏資源融入教學的設計概念來源包括：資源導向學習的學理根據、參考他校教師的作法、教師自己過去的學習歷程、參考校內其他教師的作法、參與校外競賽活動等。 |
| 賴苑玲、伍桐慰、沈佩怡、陳曉萍、 | 圖書教師與社會領域教師協作教學之行動研究 | 臺中市某國小五年級學生 | 行動研究 | 1. 研究發現在教學設計上，圖書教師能與社會學習領域教師協同完成「直接教學」、「示範引導與練 |

| 研究者及年代 | 研究主題 | 研究對象 | 研究方法 | 研究結果 |
|---|---|---|---|---|
| 蔡如惠（2013） | | | | 習」、「獨立練習」以及「分享與反思」四大教學活動。惟在現行教育體制下，如何安排教學與練習時間，逐步加強資訊檢索能力以及選擇適當的主題探究工具，是決定教學能否達到顯著效果的重要因素。<br>2.學生進行資料搜尋的過程不如預期順遂，在成果簡報的呈現多半以直接截取資料方式呈現，可知學生缺乏摘要與提取重點的能力，需要教師加強引導學生資訊搜尋、整合與利用的技巧。<br>3.學生在檢索資訊時欠缺運用不同的關鍵詞與布林邏輯，教師需指導透過不同的管道進行資料的尋找，以提升學童的資訊檢索能力。 |
| 涂明智（2014） | 由閱讀理解融入補救教學課程探討閱讀推動教師在補救教學課程之角色 | 四年級補救教學閱讀教師、學科教師 | 準實驗研究 | 1.針對補救教學所進行的閱讀理解教學策略有明顯成效，受測學生在「比較分析」、「擷取文章大意」、「推論」的表現皆有成長。<br>2.其他閱讀理解的項目也有大幅提升，其中以「理解文章基本事實」的成效最 |

| 研究者及年代 | 研究主題 | 研究對象 | 研究方法 | 研究結果 |
|---|---|---|---|---|
| | | | | 好，因為透過「擷取文章大意」的策略訓練，讓學生更容易瞭解文章的基本內涵。 |
| 陳靖玟（2014） | 國小四年級社會學習領域、藝術與人文領域及閱讀課之協作行動研究 | 南投縣某國小四年級學生 | 行動研究 | 1.協作教學與 Big6 教學法應用於國小四年級社會學習領域課程設計是可行且有效的教學模式。<br>2.協作教學與 Big6 教學法實施過程，教師遭遇的問題有：<br>(1)圖書館內職業類別的書籍不多。<br>(2)圖書館的電腦太少且速度緩慢。<br>(3)學生在分組協調分工時，常需教師介入排解糾紛。<br>(4)時間不夠需調整其他課程時間運用。 |
| 陳海泓（2014） | 教師與圖書教師協作量表之編製與協作模式之初探 | 南部地區國中小圖書教師、教師和校長 | 問卷 | 分析南部地區教師和圖書教師協作的模式，顯示目前教師和圖書教師協作的層面與模式多為低層次的合作，仍以提供教師教學的資源較為普遍；進入高層次的統整教學協作並不多見。 |
| 陳海泓（2015） | 教師與圖書教師高層次協作教學模 | 國小五年級學生實 | 準實驗研究 | 1.教師和圖書教師高層次協作教學模式是可行的。<br>2.教師高層次協作教學，增進 |

| 研究者及年代 | 研究主題 | 研究對象 | 研究方法 | 研究結果 |
|---|---|---|---|---|
| | 式建構及其對五年級學生主題探究報告和月考成績的影響 | 驗組及控制組班級 | | 實驗組學生個人和小組主題探究報告的成績,且實驗組班級學生的社會月考成績較控制組學生成績高。 |

根據前述有關圖書教師與學科教師協作相關研究,可分析內容重點並歸納如下:

(一)研究對象方面:研究對象以國小學生居多(賴苑玲、伍桐慰、沈佩怡、陳曉萍、蔡如惠,2013;塗明智,2014;陳靖玫,2014;伍桐慰,2014;陳海泓,2015),或是針對國小圖書教師(林菁、李佳憶,2009);也有進行國小圖書教師與學科教師、校長的個案研究(陳海泓,2014);或是以參與圖書利用教育之國中圖書教師與學生(陳淑慧,2004)、大學參與推廣圖書館資源的教師(王秀惠,2010)。

(二)研究主題方面:有以圖書館利用教育協作為主題(陳淑慧,2004);以資訊素養融入教學為主題(王秀惠,2010;林菁、李佳憶,2009);以某學科與圖書教師協作為主題(賴苑玲、伍桐慰、沈佩怡、陳曉萍、蔡如惠,2013;塗明智,2014;陳靖玫,2014;伍桐慰,2014;陳海泓,2015)。

（三）研究結果方面：
1. 協作教學之實施對於學生的學習有成效，而且能增加學習興趣（陳淑慧，2004；塗明智，2014；陳靖玟，2014；伍桐慰，2014；陳海泓，2015）。
2. 協作教學實施之困難，包括：共同時段課表的編排不易、場地易受干擾、教學設備資源不足、教師知能研習缺乏、有時間壓力及額外的負擔，因而最好能在行政領導下提供相關配套措施，並克服學生學習不夠專注、課程內容編排等問題（陳淑慧，2004；陳靖玟，2014）。
3. 在合作開啟階段，圖書教師與其他教師可互相邀請，或參與學校的研究計畫以開啟合作契機（林菁、李佳憓，2009）。在合作實行階段，雙方應訂定固定討論和反省時間，可於寒暑假期間開始備課（林菁、李佳憓，2009；伍桐慰，2014）。
4. 南部地區教師和圖書教師協作層面與模式仍處於低層次的合作關係，以提供教師教學的資源較為普遍；高層次的協作統整教學，仍不多見（陳海泓，2014）。

由於國內教育環境之氛圍、習慣與教師之間分享、協同的模式尚未成熟，所以，圖書教師在進行閱讀教學時，導師或科任教師多未能在場協助，教師總是孤軍奮鬥，以致於無法產生後續的延伸課程以及協同教學的效果（卓珊瑜，2014；曾禮珍，2015）。有鑑於過往研究多屬個案方式探討圖書教師與學

科教師協作情形，但這些已開展協作教學之教師顯然皆已具備協作教學之認知，然而較全面性針對所有圖書教師在發展協作教學之態度與意向尚乏相關研究。尤其在國小教學階段，更需要鼓勵支持教學多元協作發展，為能瞭解協作教學尚無法在國小普遍推動的問題，實有必要透過問卷調查方式，探知國小圖書教師對於協作教學之態度與意見，進而分析不同年資背景教師對此議題的認知是否有差異，以提供未來我國圖書教師研習與教學輔導設計規劃之參考。

## 參、研究設計與實施

本文研究以教育部國民教育署（簡稱國教署）核定之104學年度總計300位圖書教師為調查對象，採普查方式透過圖書教師輔導團發送線上問卷至所有圖書教師的郵件信箱，問卷內容設計主要參考蔡淑婷（2007）、劉麗秋（2011）、陳海泓（2014）之研究成果，配合本文研究目的編製問題，問卷採用李克特式五點量表計分，問卷內容分為：教師個人背景、協作教學的認知與態度、協作教學的執行情形、進行協作教學的困境等四大題組，其中第三項與第四項題組是已有實施協作教學經驗者填答，如尚未實施者，可不予填答。於2016年針對擔任104學年之圖書教師職務者，發送線上問卷，問卷經三次催覆，由於圖書教師填答意願不高，回收問卷總計93份，其中已實施

協作教學者為 57 份。

　　基於前述相關文獻探討與本文意欲探究之問題，將回收問卷進行圖書教師對於協作教學的認知與態度、協作教學情形、協作教學困境三項題組之描述統計後，針對可能影響協作教學認知與實施情形之教師背景條件進行差異分析，以探究不同背景變項之圖書教師在協作教學情形的差異性。採計分析之圖書教師背景資料，包括：性別、服務年資、擔任圖書教師年資等三項。在服務年資、擔任圖書教師年資方面，因選項過多，各選項樣本數較少，故將原選項加以合併，在統計分析前，先將鄰近選項加以合併。將服務年資分成 1-10 年、11-20 年、21 年以上三個組別、擔任圖書教師年資分成 1-2 年、3-4 年、5-7 年三個組別，如前述年資未滿 1 年則以 1 年計。

　　問卷量化分析後，為進一步探究現任圖書教師進行協作教學的經驗與困難，再輔以半結構式訪談蒐集 14 位教師對於進行協作教學的看法，訪談對象之徵求，係透過問卷填答詢問受訪意願，加上研究者人際網絡推薦，立意選取以圖書教師為主，學科教師為輔的受訪對象。訪談重點回歸問卷發現之問題，探討包括：發展協作教學的動機、協作教學的內容規劃、協作教學的合作夥伴、協作教學的上課模式與成效、推動協作教學的困難等問題。訪談經受訪者同意採全程錄音並繕製為逐字稿，經彙整分析呈現各種面向意見，基於研究倫理，本文研究於引錄受訪者意見時，以代碼顯示，下述 T1 至 T11 為圖書教師意見，S1 至 S3 為學科教師提供之意見。

## 肆、研究結果分析

### 一、圖書教師背景分析

在總計回收之 93 份問卷中,填答教師基本資料分析,呈現女性教師占 82.8%;男性教師占 17.2%;教師服務年資分布,以服務 16-20 年最多(27.9%),且大部分教學年資都在 10 年以上,具有相當教學經驗。但擔任圖書教師的年資,則以 1 年為最多(22.6%);年資 3 年者居次(19.3%);顯示臺灣的圖書教師常有換人擔任的情形;各校圖書教師是由現任教師採減授鐘點兼任,其原職務身份是以教師兼行政的比例最高,共計 45 人(48.3%);擔任科任教師居次(表 2-3)。

表 2-3 圖書教師背景分析

| 背景 | | 人數 | 百分比(%) |
|---|---|---|---|
| 性別 | 男 | 16 | 17.2 |
| | 女 | 77 | 82.8 |
| 教師服務年資 | 1-5 年 | 5 | 5.3 |
| | 6-10 年 | 6 | 6.5 |
| | 11-15 年 | 23 | 24.7 |
| | 16-20 年 | 26 | 27.9 |
| | 21-25 年 | 22 | 23.7 |
| | 25 年以上 | 11 | 11.9 |

| 背景 | | 人數 | 百分比(%) |
|---|---|---|---|
| 圖書教師年資 | 1 年 | 21 | 22.6 |
| | 2 年 | 16 | 17.2 |
| | 3 年 | 18 | 19.3 |
| | 4 年 | 17 | 18.3 |
| | 5 年 | 8 | 8.6 |
| | 6 年 | 8 | 8.6 |
| | 7 年 | 5 | 5.4 |
| 現任職務 | 教師兼行政 | 45 | 48.3 |
| | 級任教師 | 6 | 6.5 |
| | 科任教師 | 42 | 45.2 |

## 二、圖書教師對於協作教學的認知與態度情形

### （一）圖書教師對於協作教學的認知與態度分析

　　圖書教師對於協作教學的認知與態度題組，總平均數為4.24，在各選項中，對於「圖書教師將圖書館利用教育融入到學科領域教學」認同度最高，平均數為 4.47，其他依序為：「圖書教師提供館藏資源給學科教師教學使用」、「圖書教師提供教師與學童個別的諮詢與服務」，但「圖書教師與學科共同設計教學計畫」以及「圖書教師與學科教師共同準備教材」平均分數最低，表示圖書教師對於協作教學層次仍以圖書館利用教育、提供館藏資源與諮詢服務為主，對於共同設計教學與準備

教材的態度較為保留（表 2-4）。

表 2-4　圖書教師對於協作教學的認知與態度之統計

| 項　目 | 平均數 | 標準差 |
|---|---|---|
| 圖書教師將圖書館利用教育融入到學科領域教學 | 4.47 | 0.618 |
| 圖書教師提供館藏資源給學科教師教學使用 | 4.46 | 0.635 |
| 圖書教師提供教師與學童個別的諮詢與服務 | 4.20 | 0.731 |
| 圖書教師與學科教師共同設計教學計畫 | 4.14 | 0.731 |
| 圖書教師與學科教師共同準備教材 | 4.14 | 0.815 |

## （二）圖書教師背景對於協作教學的認知與態度之差異分析

分析圖書教師背景變項對於協作教學認知與態度的影響，以性別、服務年資、擔任圖書教師之年資背景條件，進行協作教學的認知與態度的平均數考驗，首先針對不同性別圖書教師在協作教學認知與態度的面向進行 $t$ 檢定。結果顯示，男女性別對於協作教學認知與態度各方面之變異數同質性檢定（Levene 檢定）$F$ 值在 95%信心水準未達顯著（$p>=0.05$），故假設其變異數相等，據此判斷之 $t$ 值達顯著水準（$p<.05$），故顯示將圖書館利用教育融入學科領域教學及圖書教師與學科教師應共同設計教學計畫的 $t$ 值均達到顯著差異。意即，女性對於「將圖書館利用教育融入到學科領域教學」以及「圖書教師與學科教師共同設計教學計畫」的認同，顯著高於男生，如表 2-5 所示。

表 2-5　性別在協作教學認知與態度之 t 檢定

| 向度 | 性別 | 敘述統計 | | | 獨立 t 檢定 | |
|---|---|---|---|---|---|---|
| | | 人數 | 平均數 | 標準差 | t 值 | p 值 |
| 將圖書館利用教育融入到學科領域教學 | 男 | 16 | 4.13 | .806 | 2.547 | .013* |
| | 女 | 77 | 4.55 | .551 | | |
| 圖書教師與學科教師共同設計教學計畫 | 男 | 16 | 3.69 | .86580 | 2.820 | .006* |
| | 女 | 77 | 4.23 | .83975 | | |
| 圖書教師與學科教師共同準備教材 | 男 | 16 | 3.81 | .834 | 1.785 | .078 |
| | 女 | 77 | 4.21 | .800 | | |
| 圖書教師提供館藏資源給學科教師教學使用 | 男 | 16 | 4.38 | .500 | .603 | .548 |
| | 女 | 77 | 4.48 | .661 | | |
| 圖書教師提供教師與學童個別的諮詢與服務 | 男 | 16 | 3.94 | 1.09009 | 1.619 | .109 |
| | 女 | 77 | 4.26 | 1.07759 | | |

　　分析不同服務年資的圖書教師在協作教學認知與態度的差異情形。以單因子變異數分析（ANOVA）探討不同組別圖書教師服務年資對協作教學認知與態度是否有差異，結果顯示，不同服務年資的圖書教師在對協作教學認知與態度之變異數同質性檢定（Levene 檢定）F 值在 95%信心水準皆未達顯著（$p>=0.05$），意即，不同服務年資的圖書教師在協作教學認知

與態度並無差異,如表 2-6 所示。

分析不同圖書教師年資的圖書教師在協作教學認知與態度的差異情形。以單因子變異數分析(ANOVA)探討不同組別圖書教師年資對協作教學認知與態度是否有差異,結果顯示不同圖書教師年資的圖書教師在對協作教學認知與態度之變異數同質性檢定(Levene 檢定)$F$ 值在 95%信心水準皆未達顯著($p>=0.05$),意即,不同圖書教師年資的圖書教師在協作教學認知與態度並無差異。

表 2-6 圖書教師背景變項與協作教學認知與態度之顯著關係表

| 認知面向＼背景變項 | 性別 $p$ 值 | 服務年資 $p$ 值 | 圖書教師年資 $p$ 值 |
| --- | --- | --- | --- |
| 將圖書館利用教育融入到學科領域教學 | .013* | .213 | .771 |
| 圖書教師與學科教師共同設計教學計畫 | .006** | .092 | .239 |
| 圖書教師與學科教師共同準備教材 | .078 | .693 | .871 |
| 圖書教師提供館藏資源給學科教師教學使用 | .548 | .829 | .961 |
| 圖書教師提供教師與學童個別的諮詢與服務 | .109 | .997 | .520 |

## 三、圖書教師參與協作教學的執行情形

### （一）圖書教師參與協作教學情形分析

在回收之 93 份問卷中，有 57 位圖書教師已進行協作教學，針對已有協作教學經驗者探詢其教學情形。統計現行圖書教師與學科教師協作的合作程度，是以「與學科教師共同決定教學的內容」平均數最高，其次為「與學科教師在共同教學後進行分享與檢討」次之。但對於「與學科教師共同教學並對學童進行適當的指導策略」認同度最低。顯示圖書教師在進行協作教學實務上，通常能與學科教師討論內容和進行課後檢討，但對於與學科教師共同教學進行課程指導的認知，抱持有不同的意見。

表 2-7　圖書教師參與協作教學情形之統計

| 項目 | 平均數 | 標準差 |
| --- | --- | --- |
| 與學科教師共同決定教學的內容 | 4.16 | 0.616 |
| 與學科教師在教學後進行分享與檢討 | 3.96 | 0.462 |
| 與學科教師共同準備教材 | 3.93 | 0.728 |
| 與學科教師共同規劃設計課程且進行教學 | 3.91 | 0.808 |
| 與學科教師共同教學並對學童進行適當的指導策略 | 3.88 | 0.803 |

### （二）圖書教師背景對於協作教學情形之差異分析

進行性別在協作教學情形的平均數考驗，針對不同性別的圖書教師在協作教學情形的面向進行 t 檢定。由表 2-8 說明，男女在對協作教學情形各方面之變異數同質性檢定（Levene 檢

定）$F$ 值在 95%信心水準皆未達顯著（$p>=0.05$），故假設其變異數相等，據此判斷之 $t$ 值未達顯著水準（$p<.05$），故顯示有實施協作教學圖書教師性別對協作教學情形並無差異。

　　分析不同服務年資的圖書教師在協作教學情形的差異情形。以單因子變異數分析（ANOVA）探討不同組別圖書教師服務年資對協作教學情形是否有差異，結果顯示，不同服務年資的圖書教師在對於協作教學情形（學科教師共同規劃並設計課程且進行教學）認知的單因子變異數分析結果，$F$ 值達顯著水準（$p<.05$），再以 Scheffé 法進行多重事後比較（Post hoc），結果不同服務年資的圖書教師在協作教學情形並無差異。

　　分析不同圖書教師年資的圖書教師在協作教學情形的差異情形。以單因子變異數分析（ANOVA）探討不同組別圖書教師年資對協作教學情形是否有差異，以表 2-8 顯示，不同圖書教師年資的圖書教師在對協作教學情形（與學科教師共同決定教學的內容；與學科教師共同準備教材）之單因子變異數分析結果之 $F$ 值達顯著水準（$p<.05$），再以 Scheffé 法進行多重事後比較（Post hoc），結果顯示不同圖書教師年資的圖書教師在協作教學情形並無差異。

表 2-8　圖書教師背景變項與協作教學情形之顯著關係表

| 背景變項<br>認知面向 | 性別<br>p 值 | 服務年資<br>p 值 | 圖書教師年資<br>p 值 |
|---|---|---|---|
| 與學科教師共同決定教學的內容 | .758 | .950 | .049* |
| 與學科教師共同準備教材 | .276 | .371 | .046* |
| 與學科教師共同規劃並設計課程且進行教學 | .365 | .034* | .102 |
| 與學科教師共同教學並對學童進行適當的指導策略 | .741 | .789 | .731 |
| 與學科教師在教學後進行分享與檢討 | .365 | .727 | .475 |

## 四、圖書教師認為協作教學的困境

### （一）圖書教師進行協作教學遭遇的困難分析

同樣針對 57 位已進行協作教學之圖書教師，詢問協作教學遇到的困難，是以「教師共同計畫時間不足」的平均數最高，「協作教學的經驗不足」次之。其他依序為：「實施時間不易安排」、「無標準化教材」、「課程缺乏整體規劃」、「指導學生分組不易」、「教師專長難以互補」、「教學資源設備設施不足」等問題。顯然圖書教師認為能有充分的討論時間共同規劃課程是有困難的，而對於教師專長難以互補、教學資源設備設施不足等問題，則有教師是持反對的意見，不認為此為協作教學的困難。

表 2-9　圖書教師進行協作教學遭遇困難之統計

| 項　目 | 平均數 | 標準差 |
| --- | --- | --- |
| 教師共同計畫時間不足 | 4.04 | 0.906 |
| 協作教學的經驗不足 | 3.75 | 0.987 |
| 實施時間不易安排 | 3.61 | 1.082 |
| 無標準化教材 | 3.49 | 1.182 |
| 課程缺乏整體規劃 | 3.42 | 1.117 |
| 指導學生分組不易 | 3.04 | 1.195 |
| 教師專長難以互補 | 2.86 | 1.043 |
| 教學資源設備設施不足 | 2.63 | 0.957 |
| 學生難以適應 | 2.44 | 0.907 |

**（二）圖書教師背景進行協作教學遭遇困難的差異分析**

　　進行性別在協作教學後所遭遇的困難的平均數考驗，針對不同性別圖書教師在協作教學後所遭遇的困難面向進行 t 檢定。由下表可知，男女在對協作教學後所遭遇的困難各方面之變異數同質性檢定（Levene 檢定）$F$ 值在 95%信心水準皆未達顯著（$p>=0.05$），故假設其變異數相等，據此判斷之 $t$ 值未達顯著水準（$p>.05$），故顯示有實施協作教學圖書教師性別對協作教學後所遭遇的困難並無差異。

　　分析不同服務年資的圖書教師在協作教學後所遭遇的困難的差異情形。以單因子變異數分析（ANOVA）探討不同組別圖書教師服務年資對協作教學後所遭遇的困難是否有差異，結果顯示，不同服務年資的圖書教師在對協作後所遭遇的困難之變

異數同質性檢定（Levene 檢定）F 值在 95%信心水準皆未達顯著（$p >= 0.05$），意即，不同服務年資的圖書教師在協作教學後所遭遇的困難上並無差異。

　　分析不同圖書教師年資的圖書教師在協作教學後所遭遇的困難的差異情形。以單因子變異數分析（ANOVA）探討不同組別圖書教師年資對協作教學後所遭遇的困難是否有差異，由表 2-10 顯示，圖書教師的年資對教師共同計畫時間不足有顯著的相關性，且服務滿 15 年以上的圖書教師明顯高於服務 6-15 年的圖書教師。此外，圖書教師的年資對無標準化教材有也有顯著的差異，如表 2-11 所示。

表 2-10　圖書教師背景變項與協作教學遭遇困難之顯著關係表

| 背景變項<br>認知面向 | 性別<br>p 值 | 服務年資<br>p 值 | 圖書教師年資<br>p 值 |
|---|---|---|---|
| 課程缺乏整體規劃 | .898 | .445 | .731 |
| 教師共同計畫時間不足 | .072 | .479 | .019* |
| 實施時間不易安排 | .082 | .508 | .875 |
| 協作教學的經驗不足 | .481 | .574 | .148 |
| 無標準化教材 | .665 | .290 | .024* |
| 學生難以適應 | .477 | .136 | .289 |
| 教學資源設備設施不足 | .654 | .239 | .174 |
| 教師專長難以互補 | .943 | .183 | .081 |

表 2-11　圖書教師年資背景與協作教學困難之單因子變異數分析

| 向度 | 圖書教師年資 | 人數 | 描述性統計 平均數 | 標準差 | ANOVA F值 | p值 | Post hoc |
|---|---|---|---|---|---|---|---|
| 課程缺乏整體規劃 | 1-2 | 21 | 3.33 | 1.155 | .315 | .731 | - |
| | 3-4 | 23 | 3.57 | 1.121 | | | |
| | 5-7 | 13 | 3.31 | 1.109 | | | |
| 教師共同計畫時間不足 | 1-2 | 21 | 3.81 | 1.078 | 4.269 | .019* | 3>2 |
| | 3-4 | 23 | 4.43 | .728 | | | |
| | 5-7 | 13 | 3.69 | .630 | | | |
| 實施時間不易安排 | 1-2 | 21 | 3.52 | 1.123 | .134 | .875 | - |
| | 3-4 | 23 | 3.70 | 1.146 | | | |
| | 5-7 | 13 | 3.62 | .961 | | | |
| 協作教學經驗不足 | 1-2 | 21 | 3.43 | .978 | 1.979 | .148 | - |
| | 3-4 | 23 | 4.00 | .953 | | | |
| | 5-7 | 13 | 3.85 | .987 | | | |
| 無標準化教材 | 1-2 | 21 | 3.91 | 1.209 | 3.995 | .024* | - |
| | 3-4 | 23 | 4.00 | 1.087 | | | |
| | 5-7 | 13 | 3.08 | 1.038 | | | |
| | 3-4 | 23 | 3.04 | 1.224 | | | |
| | 5-7 | 13 | 3.23 | 1.013 | | | |
| 學生難以適應 | 1-2 | 21 | 2.19 | .814 | 1.270 | .289 | - |
| | 3-4 | 23 | 2.57 | 1.037 | | | |
| | 5-7 | 13 | 2.62 | .768 | | | |
| 教學資源設備設施不足 | 1-2 | 21 | 2.33 | .913 | 1.809 | .174 | - |
| | 3-4 | 23 | 2.87 | 1.058 | | | |
| | 5-7 | 13 | 2.69 | .751 | | | |

| 向度 | 圖書教師年資 | 人數 | 描述性統計 | | ANOVA | | Post hoc |
|---|---|---|---|---|---|---|---|
| | | | 平均數 | 標準差 | $F$值 | $p$值 | |
| 教師專長難以互補 | 1-2 | 21 | 2.48 | 1.167 | 2.634 | .081 | - |
| | 3-4 | 23 | 3.17 | .937 | | | |
| | 5-7 | 13 | 2.92 | .862 | | | |

## 五、訪談質性分析

為進一步瞭解教師進行協作教學的發展歷程與困難，藉由訪談圖書教師與學科教師的意見，以補充問卷調查呈現資訊的成因，根據訪談內容重點分項整理如下：

### （一）教師發展協作教學的動機

圖書教師開始在校內推動協作教學的動機，除教師因自覺而自發性嘗試推動外，行政部分會有校長和主任因追求學校績效而有對於教師的要求，也有因為進行閱讀教學設計，開啟與學科教師的合作契機。

大部分情況是由具有國文背景的圖書教師開始，因為本身對於國語文教學有經驗，也有熱忱推動閱讀教學，基於自身教學所得，希望能影響同校教師在課堂經營閱讀教學。典型的看法如圖書教師 T1 的說明是：「我因為擔任國語文課程本位教師的種子老師，對於國語教學有經驗，所以我們學年老師就請我針對國語科教學提供指導和教學演示。（T1：19-21）」

加上臺灣近年重視閱讀教學，校長或主任因為追求學校經

營績效,會主動商請圖書教師協助學科老師一起在課堂教學。如受訪教師 T10 表示:「主任看到有些老師在教學可以加強的地方,會希望我進到班級協助老師,讓老師看到閱讀教學的策略。(T10:29-30)」

有些學校則是因為校內有閱讀推動小組的設置,產生共同設計學校閱讀課程的需求,而開啟將閱讀融入學科教學的協作。

### (二) 協作教學的內容規劃

受訪圖書教師表示目前協作教學的內容,主要是示範閱讀策略教學、引介學科教學相關的資訊、以及結合主題活動提供閱讀資源。

因為其他教師對於閱讀策略教學所知有限,會主動邀請圖書教師進入課堂帶領閱讀策略教學的示範,例如學科教師 S1 說明:「我們需要閱讀策略的教學示範,所以和圖書教師共同討論教學面臨的問題,圖書教師針對這部分設計教案,也到班級做教學演示,學生收穫很多。(S1:25-26)」

圖書教師 T5 說明在學科教學課程導入圖書資源的經驗:「五年級社會科談日治時期,我們從新北市圖報紙的資料庫,找到以前許多日治時期的資料及照片。也在社會科課程教學生找當時的資料,小朋友真的從資料庫找到球隊裡的蘇正生資料,也瞭解日治時期火柴的販賣方式等,讓課程內容生動有趣。(T5:91-94)」還有圖書教師會結合學校主題活動進入課堂教學,圖書教師 T9 舉例:「我們學校進行交通安全主題教

學，我會和生教組長合作，進行圖書館的主題閱讀教育。（T9：29-30）」

### （三）協教學的合作夥伴

圖書教師對於尋求協作教學的夥伴經常會感到很為難，現行經驗是參與教學精進社群運作，或是私下邀約，先由好友教師先參與協作教學的嘗試，再擴散影響到其他教師。但更多的情形是圖書教師利用學科共同備課討論、參加讀書會及閱讀推動小組的方式與學科教師保持教學互動。例如 T1 是：「國語課文本位協作教學是利用週三教師精進社群討論，我們規劃每星期有一次協作的課程。（T1：62-63）」圖書教師 T7 是：「與學科老師的互動是透過教師社群，成為跨學年的研究夥伴，約有七、八位老師參加。（T7：62-63）」圖書教師 T9 則是：「我們有閱讀推動小組後，圖書老師與學科的合作就更密切了。（T9：18）」

圖書教師 T10 找夥伴的方法是：「從自己的好朋友先合作，讓別的教師看到好處，就會有其他老師也想要加入，也想試試看。（T10：90-91）」圖書教師 T11 的經驗也是：「進到班級做協作是我邀請老師，我先找我的好朋友合作。（T11：33）」

### （四）協作教學的上課模式

圖書教師與學科教師進行協作教學的上課模式，有單純提供教材協助課程設計者，例如圖書教師 T4 與英文課的協作是：「由我提供英語繪本的教材，和老師討論課程操作的方法，最

後由英文老師負責上課。（T4：45-46）」

也有共同完成單元主題內容設計，由圖書教師與學科教師分別教學者，例如 T5 具體說明：「一人上一節，自然老師上自然課本的內容，我向導師借課，完成相關的活動。自然老師負責基本知識的教授，如：昆蟲的身體構造、彼此的差異性；我負責用閱讀的策略帶他們做心智圖。（T5：55-58）」圖書教師 T10 則是：「藝文老師負責畫作的部分，我就教他們資料的搜尋及整理，讓他們在資訊課蒐集到需要的資料進行夏卡爾的畫作分類。（T10：36-37）」

因為圖書教師本身具備教師資格，也有協作是先由圖書教師教學，學科教師協助後續的指導與檢視。例如 T1 的作法是：「我們一起討論，最後我產出教案，由我負責教學，老師則在教室內觀看學習，再將這種教學策略應用在日後的國語科教學上。（T1：52-53）」

### （五）協作教學產生的成效

圖書教師推動協作教學的成效，主要能增加學生的學習成效，也能促進老師間的專業對話。學科教師 S2 認為：「學生透過自然科的延伸閱讀，對課程產生更多的連結與興趣，也學得更好。（S2：50）」在協作討論與教學過程中，老師彼此之間有互相學習專業的機會，讓教學更為精進。如學科教師 S1 的體認是：「圖書教師提供我們國語科教學許多資源，讓我們將學習閱讀策略落實到教學上，老師們也會針對教學問題加以討

論。（S1：51-52）」

### （六）推動協作教學的困難

圖書教師在進行協作教學上所遇到的困難，有來自老師的抱怨，因為學科進度的壓力，又要配合圖書教師進行協作課程，不免產生抱怨的聲音。再者，學生若無法跟上圖書教師的進度，老師要花更多時間指導，一旦缺乏學習成效就無法持續推動。學科教師 S2 解釋：「如果每次的閱讀進度，學生沒有達成就會影響教學的成效。（S2：65-66）」而 S3 同樣認為：「協作教學理念很好，但是學校和家長會要立即的教學成效。（S3：70）」

也有校內老師對於圖書教師能協助的專業有質疑，不信任圖書教師可以擔任教學夥伴。甚至是因為圖書教師的工作量大，缺乏足夠時間規劃推動協作教學，圖書教師 T10 的感慨是：「因為我有圖書館本科背景，不只是要負責圖書館管理，還要努力與老師協作教學和提供教學資源，工作永遠做不完！（T10：92-93）」而學科教師 S1 的角度也認為：「時間是很大的問題，大家都忙，共同討論的時間需要再更多。（S1：62）」

當進行協作教學後，學生對於導入課程的圖書資源產生興趣，但接續而來，是必須要處理館藏書籍不足的問題。所以，圖書教師 T8 表示：「協作教學最大的問題是書！像我的導讀課教完，學生想借書，複本量不夠！……我們針對不同的文本內

容共設計八種格式的學習單，……學生可以自己選擇任一種形式學習單產出，但到圖書館找書可能已經被借走。（T8：87-98）」代表融入學科教學的圖書資源利用能引起學生興趣和使用動機，但對於館藏管理方式則需要相對調整，才能降低協作教學之後無法使用圖書資源的情形。

## 伍、結論與建議

### 一、教師對於協作教學的認知與行政支持度，是影響課程協作發展的因素

問卷調查分析顯示不同背景圖書教師在協作教學的執行情形與困境並無顯著差異，可知影響圖書教師與學科教師協作的因素，仍是推動意願與行政支持問題，尤其問卷顯示目前進行協作仍以共同討論決定教學內容的程度最為普遍，訪談也印證學科教師因有備課的需要，期許能與圖書教師討論，或透過教學精進社群、閱讀推動小組的運作，討論協作教學的內容。因此，圖書教師可由提供教學資源開始與學科教師建立連結，針對課程教學內容清楚掌握教師教學需求，圖書教師與學科教師也能針對學生學習狀況，於課後進行分享與檢討，運用社群討論及議定開會時間檢討修正教學狀況。

## 二、調整協作教學分別上課的現行模式，改以共同教學方式

對於協作教學的上課模式，有些圖書教師是與學科教師共同設計課程，在一個主題學習單元分工進行教學，但更多的情形是採分別上課為多。卓珊瑜（2014）、曾禮珍（2015）的研究亦指出圖書教師在進行閱讀教學時，導師或科任教師多未能在場協助，總是孤軍奮鬥，以致於無法產生後續的延伸課程及協同教學的成效。建議圖書教師與學科教師能有更多討論，逐漸發展共同經營教學內容的走向。

## 三、圖書教師爭取認同，主動尋求建立教學夥伴關係

圖書教師認為尋求協作教學的夥伴是一開始最困難的事，除非有學校主管的政策媒合，否則就要靠自己的人際關係。林菁、李佳憓（2009）的研究也指出合作的契機可以由參與學校教學計畫為開端。因此，鼓勵圖書教師善用時機讓全校教師瞭解圖書教師扮演的角色，說明可以提供老師教學資源及協助的訊息，才能開啟合作的契機。多數圖書教師目前利用學習社群、讀書會及閱讀推動小組與教師保持互動，或是利用教師例會說明圖書教師可參與的教學協助，甚至可以提供分享協作的經驗，讓其他教師看到協作的優點，產生滾雪球的效應。

## 四、協作教學先以主題教學或單一領域為主,再擴大影響層面

在協作教學的內容上,目前以國語科及閱讀推動活動所占比例最高,其他學科的合作較少。圖書教師可先藉由導入圖書資源或資料庫的查詢方式,將合作範圍延伸至社會科、自然科領域,也可透過與資訊課結合方式,推廣圖書館利用教育的資料搜尋能力。為了提升協作教學的參與意願,協作教學的方式可先以主題協同、單一領域協同開始,較能博得其他教師參與的興趣。

## 五、圖書教師需要學校行政支持,營造協作教學契機與計畫

圖書教師需要獲得行政的支援,讓圖書教師將教學資源導入並協助各學科的教學,鼓勵並支持圖書教師成為校內老師教學上的夥伴,且營造全校教師與圖書教師互動的平台,彼此將教學的需求與資源加以結合,才能開啟協作教學的機會。學校行政部分應制定圖書教師與學科教師的協作教學計畫,制定討論期程,配合期末課程計畫的撰寫,完成下學期的協作課程。此外,教務處排課時可應針對協作教學團隊的夥伴訂立共同無課務的空堂,讓圖書教師與學科教師有共同課程討論的時間以解決共同計畫課程時間不足的困境。

## 六、圖書教師需要協作教學的典範，以協助諮詢與教學成長

　　圖書教師認為發展協作教學需要有教學諮詢與典範學習，訪談也發現圖書教師對於協作的機制雖有想法，但執行過程仍有自信心不足的狀況，而圖書教師在教學現場，目前多半是獨立完成學科主題的課程講解，與學科教師課程融合情形不高，面對跨學科、跨主題的教學支援，圖書教師如何具備充分的協作教學能力準備，需要有經驗的教學諮詢與學習典範。根據王秀惠（2010）的研究觀察，認為將館藏融入教學需要參訪學習經驗，印證本文研究調查結果，建議未來對於圖書教師的初階、進階研習及回流教育時，能針對圖書教師與學科教師協作教學的學科內容或學習主題、教學設計內容、教學的配合、教學的檢核等議題於課程加強說明；此外，也可安排分地區輔導圖書教師進行協作教學的示範，才能幫圖書教師持續加油、繼續往前邁進。

　　後記：本文曾發表期刊論文，經重整文字後完成。原刊載期刊：林巧敏、羅嘉雲（2018）。國小圖書教師與學科教師協作教學意見調查。圖書館學與資訊科學，44(1)，69-94。

## 參考文獻

American Association of School Librarians (AASL) & Association for Educational Communication and Technology (AECT) (1998). *Information Power: Building Partnerships for Learning*. Chicago, IL: American Library Association.

Buzzeo, T.(2002). Disciples of collaboration. *School Library Journal*, 48(9), 34-35.

Kennedy, K.,& Green, L. S. (2014). Collaborative Models for Librarian and Teacher Partnerships. *Leadership, Technology, and Human Development Faculty Publications*, Paper 71. Retrieved from http://digitalcommons.georgiasouthern.edu/leadership-facpubs/71

Kuhlthau, C. C., Maniotes, L. K.,& Caspari, A. K. (2007). *Guided Inquiry: Learning in the 21st Century*. Westport, CT: Libraries Unlimited.

Loertscher, D. V.(2000). *Taxonomies of the School Library Media Program*. San Jose, California: Hi Willow Research & Publishing.

Montiel-Overall, P. (2005). A theoretical understanding of teacher and librarian collaboration (TLC). *School Libraries Worldwide*, 11(2), 24-48.

Montiel-Overall, P.(2006). Teacher and teacher-librarian collaboration: Moving toward integration. *Teacher Librarian*, 34(2), 28-33.

王秀惠（2010）。從景文科技大學「教師協同推廣圖書館資源」探究教師對圖書館資源與服務之需求（未出版之碩士

論文）。臺灣師範大學圖書資訊學研究所，臺北市。

周秀芬（2012）。**臺中市國民小學圖書教師角色知覺和工作之研究**（未出版之碩士論文）。東海大學教育研究所，臺中市。

林菁、李佳憶（2009）。國小圖書教師與班級教師合作設計資訊素養融入教學。**教育資料與圖書館學**，47(2)，199-230。

林菁、陳昭珍、陳海泓、賴苑玲、簡馨瑩（2011）。**圖書教師手冊**。臺北市：教育部。

卓珊瑜（2014）。**國民小學「圖書館閱讀推動教師」之角色理論與實務落差之探討**（未出版之碩士論文）。臺灣師範大學圖書資訊學研究所，臺北市。

陳昭珍、趙子萱（2010）。圖書教師的角色與任務。**圖書教師電子報**，1 期。檢自：http://teacherlibrarian.lib.ntnu.edu.tw/index.php?id=13

陳海泓（2014）。教師與圖書教師協作量表之編製與協作模式之初探。**教育資料與圖書館學**，51(3)，1-31。

陳海泓（2015）。教師與圖書教師高層次協作教學模式建構及其對五年級學生主題探究報告和月考成績的影響。**教育資料與圖書館學**，52(3)，299-336。

陳娟玫（2009）。**技職校院圖書館支援教學之研究**（未出版之碩士論文）。臺灣大學圖書資訊學研究所，臺北市。

陳淑慧（2004）。**圖書館利用教育協同教學之研究──以臺北市立明湖國民中學為例**（未出版之碩士論文）。臺灣師範大學社會教育學研究所在職進修碩士班，臺北市。

陳靖玟（2014）。**國小四年級社會學習領域、藝術與人文領域及閱讀課之協作教學行動研究**（未出版之碩士論文）。臺中教育大學區域與社會發展學系暑期在職進修專班，臺中市。

黃淑琴（2014）。**宜蘭縣國民小學執行「圖書館閱讀推動教師實施計畫」之研究**（未出版之碩士論文）。佛光大學公共事務學研究所，宜蘭縣。

涂明志（2014）。圖書館閱讀推動課程的積極面：由閱讀理解融入補救教學課程探討閱讀推動教師在補救教學課程之角色。**圖書教師電子報**，34 期，檢自 http://teacherlibrarian.lib.ntnu.edu.tw/index.php?id=211

張清濱（1999）。怎樣實施協同教學。**師友月刊**，387，43-46。

張哲豪（2001）。**協同教學模式中教師專業成長之研究**（未出版之碩士論文）。臺北師範學院課程與教學研究所，臺北市。

曾禮珍（2015）。**「圖書教師」對國小圖書館經營推動及閱讀態度影響之研究**（未出版之碩士論文）。臺灣師範大學圖書資訊學研究所，臺北市。

賴苑玲、伍桐慰、沈佩怡、陳曉萍、蔡如惠（2013）。圖書教師與社會領域教師協作教學之行動研究。**區域與社會發展研究**，4，3-27。

劉麗秋（2012）。**中部地區國民小學參與「圖書館閱讀推動教師實施計畫」教師知覺執行現況之調查研究**（未出版之碩士論文）。臺中教育大學教育研究所，臺中市。

蔡淑婷（2008）。**國小教師協同教學評鑑指標建構之研究**（未

出版之碩士論文）。臺北師範學院課程與教學研究所，臺北市。

蕭福生（2000）。**國民小學協同教學實施之分析研究——以一所小學為例**（未出版之碩士論文）。國立臺北師範學院課程與教學研究所，臺北市。

# 第三章　檔案融入中學歷史課程之意見調查

林巧敏[4]

　　本文以「問卷調查法」瞭解中學歷史教師教學資訊尋求行為及其檔案融入教學之認知與態度，並藉由「焦點團體訪談法」蒐集教師對於檔案融入教學之教材設計與運用經驗。研究結果顯示：（一）中學歷史教師資訊需求及使用檔案時機，皆為「教學前準備」及「保持專業成長」，其尋求教學資訊管道是以網路為多。（二）中學歷史教師認為影音資料和照片對教學比較有用，找資料過程經常遭遇資料篩選的困難。（三）教師使用檔案次數不高，但會使用視覺性檔案融入教學，也能經由網路指引檔案線上館藏瀏覽。（四）教師肯定將檔案融入教學的效益，但對於如何運用檔案進行課程經營的能力較為缺乏，希望檔案館能提供教學諮詢與館藏利用指導。

---

[4]　國立政治大學圖書資訊與檔案學研究所教授

## 壹、前言

　　過往臺灣的歷史教育受限於社會大眾刻板觀念、升學體制與教育環境等因素，一直無法擺脫傳統重視記憶與背誦知識的教材教法，致使教師的教學活動與學生學習動機日漸僵化，歷史課堂的價值開始被質疑及討論（張凱迪，2004）。教師在課堂上教授學生大量歷史知識，卻很快地被學生遺忘，這樣的情形，讓老師和學生都對歷史科目的學習感到挫折（朱茂欣，2016）。然而，檔案與歷史教育有密不可分的關係，其核心在於「如何將檔案資料化作歷史證據的正確運用」。教師是帶引學生學習的重要角色，教師必須認識檔案、能找尋適切的檔案資料、將關聯歷史證據運用至課堂，才能幫助學生進行有意義且生動的學習，才能教導學生從檔案證據培養史料分析與論證能力。檔案資料運用在歷史教學課程，不僅能直接佐證歷史事件，彌補歷史教科書之不足，更能藉由檔案資料延伸活化教學內容。若以檔案典藏機構的立場，將檔案資料與學校教育結合，能落實檔案意識向下紮根，能提升社會大眾對於檔案資料的認識（林巧敏，2012）。

　　2019 年實施的《十二年國民基本教育課程綱要：國民中小學暨普通型高級中等學校－社會領域》，對於社會領域的課程目標為「提升獨立思考、價值判斷、理性決定與創新應變的素養」、「發展跨學科的分析、思辨、統整、評估與批判的能力」（國家教育研究院，2018），充分突顯在學校教育階段，

養成思考、分析、比較、論證、評價歷史能力的重要性,惟有培養學生具備資料探索與思辨分析能力,才能涵養具備獨立判斷、重視證據、講究真理的歷史意識。

雖然教育政策對於社會科學習的核心能力,已揭示歷史課程必須培養因果、時序、史料證據觀念之重要性,許多歷史教學的論壇也不乏討論此類議題(歷史教師深根聯盟,2020)。然而,教學現場情況似乎並非如此,目前教學現場充斥傳統歷史教學模式,加上升學體制對於課程的限制,要在現行教學過程達到這樣的目標,仍是非常困難(林慈淑,2016)。而《十二年國民基本教育課程綱要》(簡稱十二年國教)的實施,將為僵化的現行教學體制帶來調整的契機,在中學課程設計多元選修的方式,可提供跨領域與特色課程發展的可能。

但檢視目前中學歷史學科中心所提供之歷史教師教學經驗與教材分享,其內容多是圍繞教科書教學進度的教學方式,即使檔案管理局近年建置之「檔案支援教學網」,致力於提供歷史教學可運用之檔案素材,但如何在提供教學素材之後,將檔案融入教學內容,甚至轉化為課堂使用之教案,需要瞭解歷史教師教學需求,探究歷史教師將檔案融入教學的經驗與困難。

因此,本文研究重點不在於探討「檔案支援教學網」對於歷史教學之適用性,而是希望探討歷史教師對於使用檔案資訊的需求,並瞭解教師將檔案資料融入課程教學的意見;藉由訪談歷史教師的備課過程經驗,探究歷史教師如何檢索檔案蒐集教學材料,並提取檔案資訊轉化為教材的過程。本文研究目的

在於：
一、調查中學歷史教師搜尋教學資訊來源及其對於使用檔案資料的認知，探究適合運用在歷史教學之檔案資料特性，提出中學歷史教學可運用之檔案資源建議。
二、分析歷史教師教案設計經驗，提出將檔案資料融入歷史教學設計過程的實務建議。

## 貳、文獻探討

### 一、檔案融入歷史教學之理念與發展

歷史課程運用檔案資料，可讓學生理解學習歷史，不僅是記誦事實，更重要的是在學習評價證據，分辨「事實」與「說法」的差異，亦即通過理性的思維和以證據為基礎的想像，理解以往的社會和歷史的發展。學生在教師的指導下接觸這些一手或二手的材料，彼此討論、解答問題，判別史料、嘗試重建歷史（李稚勇，2012；Morris, Mykytiuk, & Weiner, 2014）。

在學校教育階段有必要培養學生認識檔案與運用檔案資料的能力，將檔案館藏資源與檔案利用能力融入學校的正式教學活動，可培養學生瞭解檔案資料價值，能選擇適當的檢索工具，能有效查詢、蒐集、組織、評估與利用檔案資訊，培養所謂的「檔案素養能力」（archival literacy）（Olson, 2009）。檔案素養是指個人擁有對於檔案資料的基礎知識，包括個人使用

檔案館的能力，如申請檔案應用、使用檢索工具等，並且瞭解檔案資料的特性。亦即具有檔案素養者，能確認自身檔案應用需求，以及能有效率地查詢、分析、選擇、評估、利用及傳播檔案資訊（陳在眉，2017）。高君琳（2007）曾探討如何建構臺灣地區檔案素養評估指標，運用疊慧法徵求檔案學者專家及檔案管理人員意見，將檔案素養能力分成三個向度，17 項能力評估指標，包括：覺知到檔案的特點與內涵、檔案應用能力以及檔案資源搜尋的能力等。但落實檔案素養需從教育著手，需要開設檔案素養相關課程，針對不同的年齡層及學科背景，將檔案教育融入學校課程中。

檔案融入教學除了能活化教學外，亦能同時落實全民檔案意識向下紮根之效益（Weiner, Morris, & Mykytiuk, 2015）。然而，改變教育首先必須改變的是第一線教師的教學方法。隨著大環境改變，教師能否幫助學生進行有意義且真正理解的學習，並教導學生運用學科發展出來的認知方法與架構，進行思考和解決問題，是教育必須跟上時代的改變（宋佩芬，2003）。理想的歷史課堂應該是訓練學生學習思考方法、追求學問、發現問題，可研究及蒐集資料，並能辨別不同的歷史觀點（朱耀光，2003）。但這樣的教學方式，需要教師有相對的教學備課準備。

關於歷史教師之備課資訊需求，根據林珊如（2004）訪談國小鄉土教育教師發現，在課前準備階段，教師會收集各種類型資料，對資料的選定取決於該課程的教學活動、授課方式和

主題內容。一般書籍、他人編製的教材、報章雜誌的資料、以及網路資料都是老師們課前準備的材料。在課堂實際教學時，老師除了口頭講授外，經常會配合使用視聽資料。由於網路普及，網路資源已漸漸成為老師們找尋教學資料的重要管道。利用搜尋引擎找尋特定主題的網站資料，是老師們進行資源搜尋主要的方法。然而，在使用網路資源時，老師們卻遭遇不少問題，例如缺乏適當的資料內容、硬體設備或網路傳輸問題、資料建置不完整或網站消失、個人使用能力與技巧不足等。

探討歷史人員使用檔案資源的問題，會發現歷史人員找尋檔案遭遇的困難，包括：無法找到需要的檔案、檔案資源分散找尋不易、檔案因機密或隱私而限制使用、檔案檢索工具不佳、檔案複製與調閱的限制等問題，對於檔案館服務最多的抱怨是「查到目錄但內容全文無法閱覽」、「希望尋找的檔案找不到或不存在」、「不熟悉檔案檢索工具的操作」或是「找到目錄但檔案不開放調閱」等（林巧敏，2013）。

由此可知，歷史教師教學有使用各種資料的需求，網路資源因方便取用之故受到青睞，但是使用過程卻有資料尋覓和篩選的困難，尤其對於檔案資源的找尋有查找不易和取得困難的問題。因此，需要提供適用的檢索資訊來源，最好能協助教師整理出與教學主題相關的檔案目錄和內容，才能鼓勵教師在課堂教學運用。

雖然國內的歷史教育模式逐漸在改變與調整，但整體的教育環境與氛圍一直存在著考試領導教學的問題，傳統的歷史教

育著重史實的傳遞與學習（朱煜，2003）。歷史教學常落入教師對學生單向講述歷史事件發生原因、經過及影響，教師和學生往往很少接觸史料、閱讀史料，以致於對重要歷史事件，缺乏真實感受。歷史本是一門探究的學問，學生需要的是透過教師有目的及有計畫的指導，學習如何運用歷史思維的方法與概念，能對歷史資料進行考察，以提出可靠的證據去理解歷史事件內部複雜的因果關係，進而能神入不同時空人們的思想和觀念（陳盈安，2007）。

英國曾於 1976 年推動「歷史科 13-16 計畫」（The Schools Council History 13-16 Project），其成果報告《歷史新視野》（*A New Look at History*），針對歷史教學的目標提出四個概念，依序為：證據（evidence）、變遷和延續（change and continuity）、因果和動機（causation and motivation）以及時序理解（chronological understanding）（The Schools Council History Project 13-16, 1976）。其中「證據」居於首位，可知培養找尋佐證資料能力，成為歷史教育重要的課題。能運用大量史料並配合問題與思辨活動，是歷史教學的特色與核心目標，此波歷史教學浪潮被稱為「證據革命」（evidence revolution）（McAleavy, 1998）。

香港歷史檔案館（The Public Records Office of Hong Kong）曾於 2001 年出版一套檔案融入歷史教學的教材《教科書以外：歷史檔案在課室的應用》（*Beyond the Textbook: Connecting Archives and Classrooms*），協助國中教師進行歷史教學時能易

於辨識與使用歷史檔案館所典藏的檔案資料，其目的在於（香港歷史檔案館，2001）：

（一）推廣在講授和學習歷史時，使用本地的歷史文獻；

（二）協助教師利用歷史檔案館的館藏編製教學材料；

（三）向學生介紹不同種類的歷史檔案；

（四）培養學生使用一手資料（primary sources）能力；

（五）透過一系列的課堂習作與活動，以鼓勵學生合作學習的風氣。

尤其對於中學階段的學生，因其已具備基本歷史事件知識與道德觀念，歷史證據教學可賦予這些歷史更多的生命和臨場感，讓學生瞭解歷史課所講述的是真實發生過的人事，可喚起學生學習的動機，並進一步培養資料的運用能力。在歷史教學課堂中，教科書是重要的教學輔助工具，然而，若僅依賴課文與教師口頭傳遞知識，很難達成訓練學生思考與運用資料的能力。因此，在革新的教學理念中，檔案資料開始被運用於歷史教學，經由檔案原件的呈現，可佐證歷史事件，除了可彌補歷史教科書之不足，也可活化教學。

改變教育必須先改變第一線教師的教學方法，因此，尋思改變歷史教育的方式，先要調整的是歷史教師對於檔案資料的認知，並能提供歷史教師如何將檔案資料運用至教學內容的具體建議。檔案館開發檔案資料價值，將檔案融入教學，有助於檔案館從單純書目服務的功能，走向研究指導的角色，從教育階段推廣學生具備運用一手資料的檔案素養能力，才能普遍提

升民眾擁有查詢、評估與利用檔案史料的檔案素養（Carini, 2009; McCoy, 2010），才能締造有幾分證據、講幾分話的理性公民社會。

## 二、檔案融入歷史課程教學之研究

探討教學內容設計首先需要考慮學習者的學習起點，在此基礎上分析教學的課程內容，確定教學目標以及教學重點，並選擇合適的教學資源和教學策略，設計整個教學活動的流程。在歷史教學內容設計中，史料與亮點教學設計缺一不可，有特色的歷史課堂教學，在史料選取、史料運用與史料解讀方面，必須下工夫，搭配教學理念運用，讓史料鮮活地呈現，可提升教學成效（何成剛，2008、2012）。

我國檔案管理局為促進檔案運用於課堂教學，參照普通高級中學課程之課綱，擇選合適之國家檔案進行加值編輯，於 2014 年啟用「檔案支援教學網」（Archival Resources for Teaching，簡稱 ART），提供高中職老師編製授課教材所需之教學素材，包括檔案影像、詮釋資料（metadata）及其背景說明，以資料庫方式提供瀏覽、檢索與檔案影像下載服務（邱玉鳳，2015）。蕭道中（2018）曾詳細介紹該網站之建置目的與網站內容，並期許未來網站內容選題取材可多元化、能提供分析工具、擴充網站內容之聯結。

針對將檔案資料納入課程設計的經驗，可參考英國於 2007

年頒布的國定歷史課程學習方案中，指明「運用史料證據」（using evidence）是歷史學習的關鍵項目，學生應該能夠辨識、選擇與運用一系列的史料，包含文本、視覺、口述的原始資料，尤其學生必須學習評價所採用的檔案資料，以獲得合理的結論（Department for Education, 2013）。若要讓學生學會如何蒐集、辨別檔案資料，首先必須要讓學生瞭解歷史材料本身的意涵，以及這些資料在歷史研究中所能提供的效益（施曉雯，2009）。因此，檔案素材本身與其搭配之教學單元必須經過詮釋及設計，方能傳遞相關資訊並具有吸引力，否則僅單純提供文本原件會顯得沉悶且難以閱讀。

要讓歷史事實在學生的記憶中存留下來，歷史事實必須被放置在有意義且適當的歷史情境中，經由教師引導、激發學生探究的興趣，對於多數學生而言，從歷史材料查檢閱讀並推理一段史實關係，遠比記憶背誦諸多與切身無關的歷史知識，讓人感到有趣（Wineburg, Martin, & Monte-Sano, 2012）。而這個過程必須要針對教材內容、教學目的或學生存在的疑惑，而合理地提出問題。在教學過程中討論的內容很有可能會超出課文中預設的範圍，形成「打破學科界限，將有關的知識聯繫成一整體」的教學方向（程建教，1991）。

將檔案融入歷史教學，很重要的一個部分是在於教師如何尋取適當材料，並設計教材引導學生進行學習。Johnson（2010）以教師的經驗，提供如何找尋政府紀錄與檔案資料的建議，其搜尋之檔案資源網站，包括美國國家檔案館主題檔

案、照片與書信網站、歷史論壇等,並藉此說明培養教師具備蒐集、組織和判斷適用於主題教學相關檔案的重要性。

美國史丹佛大學的教師培養學程（Stanford Teacher Education Program,簡稱 STEP）曾為歷史教師設計一門課,培養教師能教學生「像史家一般閱讀」的能力。教師必須用一個歷史問題展開課程,而學生藉由所接觸到的檔案與史料,以辯論方式面對一個不容易理解的歷史問題,學生在檢視評估過這些與歷史事件相關的種種一手資料後,當學生再度回到教科書的敘事,會以新眼光看待並理解這個敘事。在這個過程中,學生會學習到「以證據為基礎的思考與論證」、「能質疑史料」,並能「綜合多重觀點且中肯敘事」,讓歷史課程製造大量機會能進行歷史批判思考,學生的學習不致於被歷史紀錄淹沒（Wineburg et al., 2012）。

Ruff 與 Nelson（1997）曾針對相當於臺灣中學階段的歷史科課程內容進行分析,認為教師可以將政府文件、書信、日記、目擊者敘述、演說、秘聞、語錄、歷史地理文學、民歌、傳說、小說、傳記或民間詩詞等材料,運用到課堂教學活動,讓教學內容與情境更為活潑。建議歷史教學指導著重於教學活動設計,並提供相關閱讀資料（包含一手及二手史料）及文末思考問題,使教師能夠隨時依需要援引用於歷史課堂教學活動設計或是製作學習單。

施曉雯（2009）認為在教學現場單純以文字資料較難以引起學生共鳴,若能加入照片、影音等檔案,並輔以口述歷史訪

談作為課後作業,能訓練學生思考問題、提出問題與思索解決的能力,亦能使課程內容更加生動。尤其數位資訊時代,教師們利用網路或是多元素材提供課程延伸學習內容已是現今教育現場常見的課程進行方式。對於歷史教學而言,許多檔案資料與歷史圖像皆已數位化,成為教師教學的重要補充素材。這些教育上的革新,縮短了教師與學生溝通的時間,也擴大了學習範圍(沈亞梵,1996)。在圖像化世代中如能有效運用圖片及影像資料,對於教學無疑會有相當大的幫助,而影像資料又比圖片資料更有優勢,尤其是從事復原或是虛擬重建時,教師可善用影像資料讓教學顯得生動有趣(詹宗祐,2009)。

但檔案典藏機構所從事的多為主題檔案整理以及利用指導的工作,對於如何將檔案資料融入教學課程的設計,缺乏對於教師需求的瞭解以及具體實施過程的建議(Carini, 2009)。不少學者倡議檔案人員應更積極扮演教育者角色,對於檔案利用指導不能僅是停留在主題資源整理和講授館藏資源利用工作。然而,由於檔案館人員專長檔案整理與館藏諮詢服務,對於如何將館藏資料轉化為教學使用,缺乏教育專業能力;因此,應該和學校教師合作,將主題檔案融入各教學單元。檔案人員瞭解檔案館藏,教師熟知教案編製與教學法,兩者協力合作發展課程,學生將是最大受益者(Bahde, 2013; Carini, 2009; Krause, 2010; Robyns, 2001; Yakel, 2004)。

國內對於將檔案素材融入教學之課程實施經驗較為缺乏,因應108課綱改革潮流,國內更為關注教師的教材與教案設計問

題。李健輝（2020）以「日治時期義務教育的實施」教案研發經驗為例，利用「主題探究」的教學方式，透過問題引導及資料閱讀，提升學生文本判讀與論述的證據能力，也藉此深化學生對於歷史課程主題的理解。利用史料進行教學的方式，對於現場教師並不陌生，提供學生閱讀資料，提出問題，引導學生利用資料回應，發展歷史能力，是近年歷史教學的重要趨勢（陳冠華，1999）。但過去歷史教師慣用的是文獻史料，而檔案是比二次資料更具有真實性和權威性的素材，如果能嘗試於教學單元設計核心問題，從問題出發，引導學生提問並找尋檔案資料，能突破學生對於既定歷史故事成見的迷思，且能滿足自我探索的成就感。

　　國外已有將檔案融入歷史課程的教學案例與成效檢討，Maddrell（2007）針對中學歷史課程使用檔案與歷史文獻，提供學生相關素材，由學生藉由戲劇扮演的過程，探討性別角色的問題。教師由設計戲劇表演大綱開始，列出學生需要呈現的內容引導，並提供相關檔案與史料由學生主導演出的內容。教師列出問題思考方向，讓所有參與課程學生完成學習單，發現學生經由戲劇呈現的過程，對於歷史人物性格、性別與權力、地理關係都有更深刻的想法；學生認為這樣的課程優點包括：可以聽到不同的價值觀點、增加課程參與、課程不無聊變得有趣、啟發更多想法等；缺點則是需要付出更多的準備、課程時間也會加長等。

　　Ruffin 與 Capell（2009）以圖像檔案為例，說明將檔案一手

資料運用於基礎教育的經驗，教師由設計討論問題開始，讓學生分析檔案資料的來源、產生背景、內容涉及人物與時間，並假設類似情境的作業，請學生推論可能的發展過程與結果，透過這些圖像檔案內容的討論，學生對於歷史場景有更具體和深刻的感受，也能從檔案圖像的細節投射學習到與現今生活關聯的理解，發掘出有趣的討論議題，甚至對圖像人物的食、衣、住、行，都成為學生感興趣而能主動延伸討論的題目，開啟學生自主探究與學習的興趣。

　　Robb（2009）以美國 1896 年的選舉為例，將檔案資料編寫納入教案，教學設計是藉由閱讀和討論 1896 年當時候選人競選海報和文宣檔案，瞭解候選人特質和政策訴求，也要求學生綜合學習結果為自己設計競選文宣，完成學習單，最後以簡單問卷瞭解學生的學習感受。Dobbs（2011）的教學經驗是將地圖檔案作為歷史時空佐證的教材，由於地圖檔案有視覺呈現的優點，可加深學習印象，並藉由設計討論議題，讓學生檢索並利用檔案製作海報，展現他們由檔案學到的空間位置，這樣的實作過程大幅增加學生對於課堂參與的興趣。Holmes（2015）進行地方文史教學運用檔案館之往昔街道圖與人口戶籍檔案，探索 1900 年當地生活與市鎮樣貌，學生需要運用檔案資料，分組討論問題，例如探討：當時人口與從事的行業？某街區過去和現在差異？教師從檔案內容提取討論的問題，學生藉由查檢運用檔案資料，感受歷史時空的差異，對於地方文史學習有更深刻的理解。

根據前述文獻所述，可歸納將檔案資料融入歷史課程教學的要點，包括：

（一）需要有大量蒐集資料過程，廣博納入不同觀點與多元形式之檔案素材。

（二）從眾多資料中判別相關與可運用程度，找出最適合運用於學習內容設計的資料。

（三）圖像與影像資料比文本資料容易運用於課堂，但必須慎選內容並符合教學目標。

（四）儘量運用不同類型的檔案，並設計學生實際參與或體驗操作的機會。

（五）指導學生評價史料，利用活動設計激發論證與思辨學習能力。

（六）提供延伸閱讀素材與課後問題思考，培養學生自主學習的態度。

　　綜觀過往對於將檔案運用於歷史教學的研究，多數探討檔案如何改變歷史教學課堂的困境，以及如何利用檔案資料支援教學的經驗。既然改變教學最重要的是改變教師的認知，因此，本文希望能先探討歷史教師之備課資訊需求及其對於檔案融入教學之認知，並能結合教學現場歷史科教師之教學經驗，提出對於將檔案資料融入歷史教學的問題，期許能在教師個人教學經驗分享外，能有較全面性的教師認知與意見調查，基於教師需求與問題，提出檔案融入教學的具體建議。

## 參、研究設計與實施

本文研究兼採質性與量化研究方法，先藉由「問卷調查法」，分析中學歷史教師備課資訊需求及其運用檔案館藏的意向，並輔以「焦點團體訪談法」，蒐集歷史教師對於將檔案融入教學的意見。研究設計說明如下：

### 一、問卷調查法

問卷調查以現任中學（含國中及高中）歷史教師有使用檔案資料經驗者參與填答，因並無過往數據可供估算中學歷史教師曾使用檔案者之母群人數，為擴大符合條件之填答者接觸問卷的機會，採兩種方式發送問卷，先將問卷張貼至歷史教師社群網站，邀請符合條件之教師加入填答，再以公函方式行文各縣市教育局轉文各校，懇請教師填答問卷，並設計致贈禮券方式獎勵填答，總計回收 156 份問卷。

問卷題項設計主要參考 Anderson（2004）、Dalton 與 Charnigo（2004）對於歷史人員使用檔案資訊需求與行為調查問卷為基礎，針對本文研究目的編修題項內容，問卷設計涵蓋填答者背景、教師教學資訊需求與行為、使用檔案需求與經驗、對於檔案融入教學的認知四層面題組，題項中有關檔案融入教學的認同程度採用五等量表，依認同程度高低以「非常同意（5分）、同意（4分）、普通（3分）、不同意（2分）、非常不

同意（1分）」給分，將有效問卷予以編碼、登錄、建檔。

## 二、焦點團體訪談法

　　焦點團體訪談著重於成員之間的互動，藉由互動討論萃取參與者意見，並形成較一致之教材設計與教學過程共識，研究者邀請具備曾參加檔案相關課程、研習或研討會之中學歷史教師為對象，討論焦點在於徵詢教師將檔案融入教學之教案設計與教學實施過程意見、對於檔案典藏機構提供教學支援的看法以及將檔案融入歷史教學之態度與期許。因具備訪談背景條件之教師數量有限，同意參與訪談者共計 8 位現任教師。正式訪談前，先聯繫受訪教師並提供訪談大綱，告知本次研究主題、目的與研究問題等基本資訊，同時解釋訪談錄音之需求。正式訪談時，除了臨場筆錄外，亦針對訪談內容全程錄音，方便資料整理與查證。訪談結束後，將訪談轉譯為逐字稿，以完整呈現受訪意見。引錄訪談稿以受訪者編號和原文逐字稿行數標示，以利稽核。

# 肆、研究結果分析

## 一、歷史教師使用檔案需求分析

### (一)填答者背景分布

問卷填答教師年齡分布,以 31 至 40 歲最多,計有 56 人(35.9%);教學年資以11至15年者最多,計有39人(25%);教師每學期參加教學知能相關研習時數,以 1 至 20 小時最多,計有 102 人(65.4%),將近九成之歷史教師每學期進修的研習時數多在 40 小時以下(圖 3-1)。

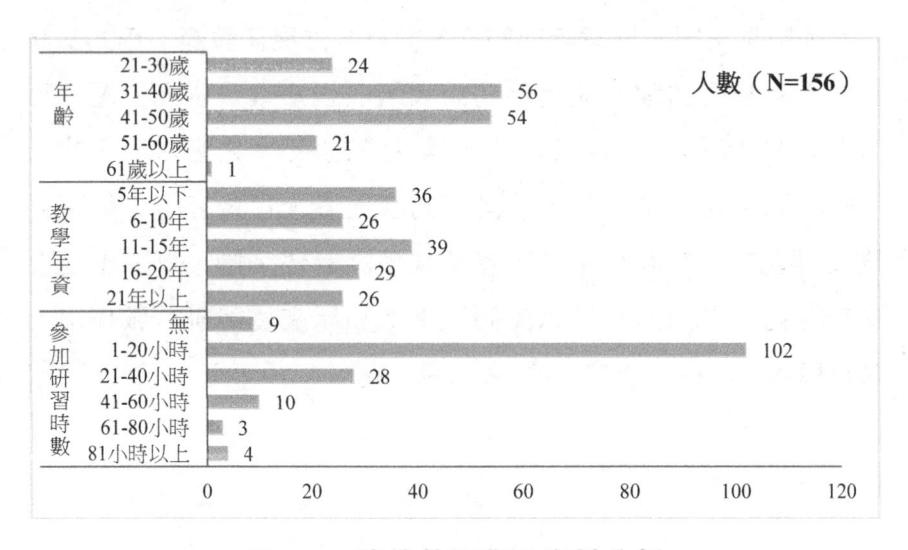

| 類別 | 項目 | 人數 |
|---|---|---|
| 年齡 | 21-30歲 | 24 |
| | 31-40歲 | 56 |
| | 41-50歲 | 54 |
| | 51-60歲 | 21 |
| | 61歲以上 | 1 |
| 教學年資 | 5年以下 | 36 |
| | 6-10年 | 26 |
| | 11-15年 | 39 |
| | 16-20年 | 29 |
| | 21年以上 | 26 |
| 參加研習時數 | 無 | 9 |
| | 1-20小時 | 102 |
| | 21-40小時 | 28 |
| | 41-60小時 | 10 |
| | 61-80小時 | 3 |
| | 81小時以上 | 4 |

人數(N=156)

圖 3-1 填答教師背景資料分析

## （二）教學資訊需求與行為

### 1. 教學過程資訊尋求階段

詢問填答者在教學過程中需要找尋資訊的階段，以「教學前準備」為多，共 108 人，高達 69.2％；「保持專業成長」次之，占 19.9％，可知教師資訊需求以因應課前備課最為重要（圖 3-2）。

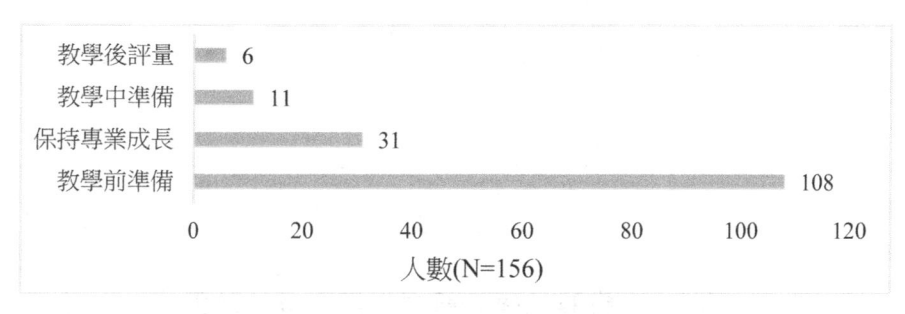

```
教學後評量    6
教學中準備   11
保持專業成長  31
教學前準備              108
           0    20   40   60   80   100  120
                   人數(N=156)
```

圖 3-2　教學過程資訊尋求階段統計圖

### 2. 找尋教學資源之資訊來源管道

詢問教師找尋教學資源常用資訊來源（可複選），結果以「瀏覽任何網頁內容」勾選次數最多，計有 115 次，「參與社群網站或網路論壇」次之，而運用「本校圖書館館藏線上目錄」及「諮詢圖書館館員」所占比例並不多，顯然網路資源的使用已經是教師找尋教學資源的首選，勾選「其他」者，有個人藏書、實地採訪找尋資料等（圖 3-3）。

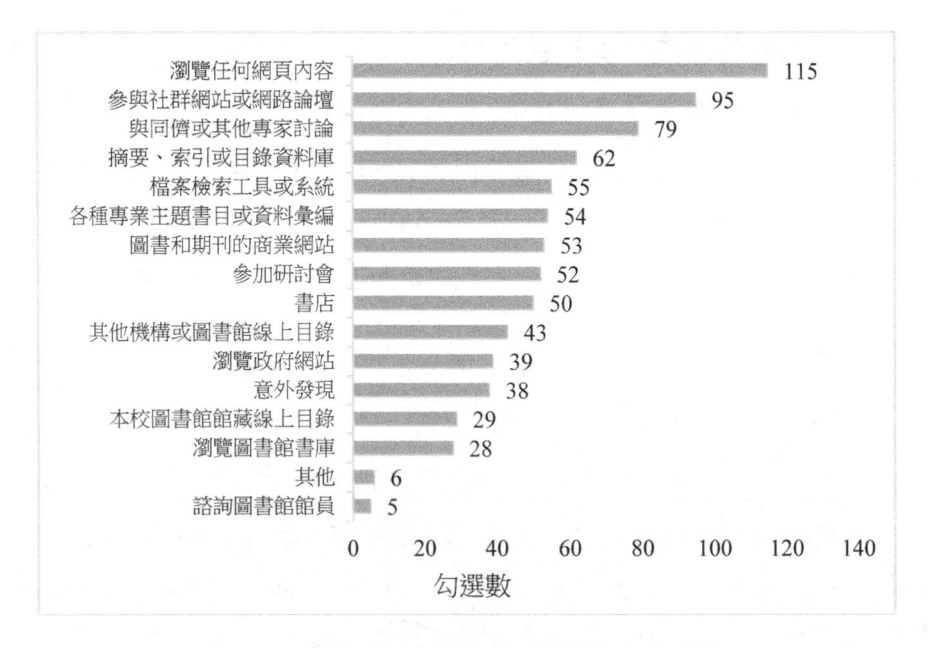

| 瀏覽任何網頁內容 | 115 |
| 參與社群網站或網路論壇 | 95 |
| 與同儕或其他專家討論 | 79 |
| 摘要、索引或目錄資料庫 | 62 |
| 檔案檢索工具或系統 | 55 |
| 各種專業主題書目或資料彙編 | 54 |
| 圖書和期刊的商業網站 | 53 |
| 參加研討會 | 52 |
| 書店 | 50 |
| 其他機構或圖書館線上目錄 | 43 |
| 瀏覽政府網站 | 39 |
| 意外發現 | 38 |
| 本校圖書館館藏線上目錄 | 29 |
| 瀏覽圖書館書庫 | 28 |
| 其他 | 6 |
| 諮詢圖書館員 | 5 |

圖 3-3　找尋教學資訊之來源管道統計圖

3.選擇教學資訊的考量因素

　　教師選擇教學資訊的主要考量因素（可複選），是以「資訊的正確性」最重要，有高達144次勾選數，其他根據勾選比例多寡排序為「資訊的方便性」、「資訊與教學內容的相關性」、「資訊的易懂性」、「資訊內容品質」、「資訊的新穎性」、「資訊與教學設備的配合性」、「資訊的權威性」、「取得資訊的時間」、「取得資訊的費用」。可知歷史教師會特別重視資訊內容的正確性、找尋的便利性以及和教學內容的相關性（圖 3-4）。

資訊的正確性　144
資訊的方便性　118
資訊與教學內容的相關性　117
資訊的易懂性　108
資訊內容品質　78
資訊的新穎性　64
資訊與教學設備的配合性　61
資訊的權威性　59
取得資訊的時間　51
取得資訊的費用　30

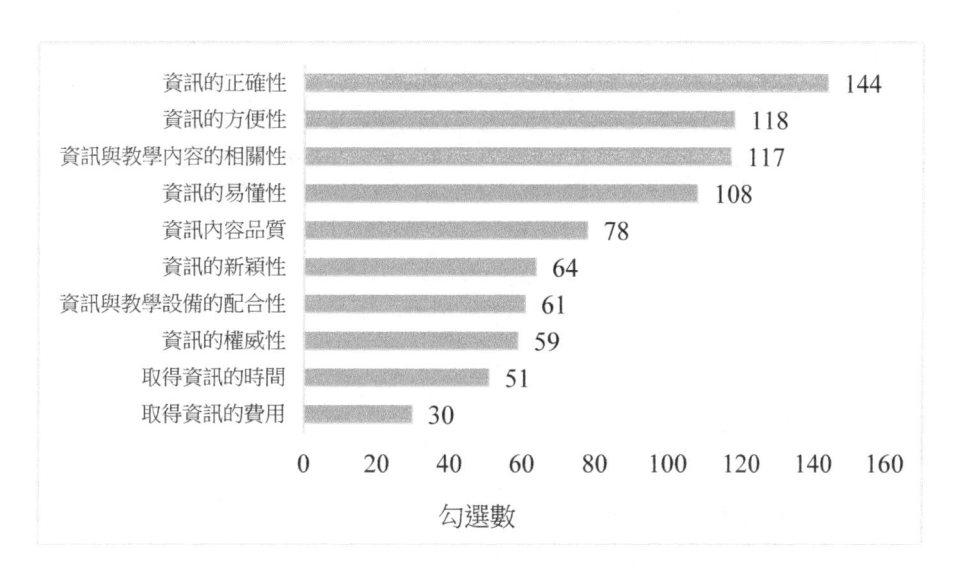

勾選數

圖 3-4　選擇教學資訊考量因素統計圖

4. 常用於備課的資料類型

　　教師經常用於備課的資料類型（可複選），以「網路資源」為最多，高達 120 次勾選數，「新聞／報紙」次之，顯然是與資源取得的便利性有關係。「照片」有 114 次（73.1%）、「影音資料」有 111 次（71.2%）皆屬於比較高的使用率，顯示圖像及影音資料較容易於課程使用，至於屬於廣義檔案範圍之「個人紀錄」52 次（33.3%）、「口述歷史」49 次（31.4%）也有相當的使用率，代表此類真實紀錄可有利於課程設計，能讓課程經營更為生動。但「檔案文件（公文書）」，僅有 43 次（27.6%），恐怕與公文內容識讀不易有關（圖 3-5）。

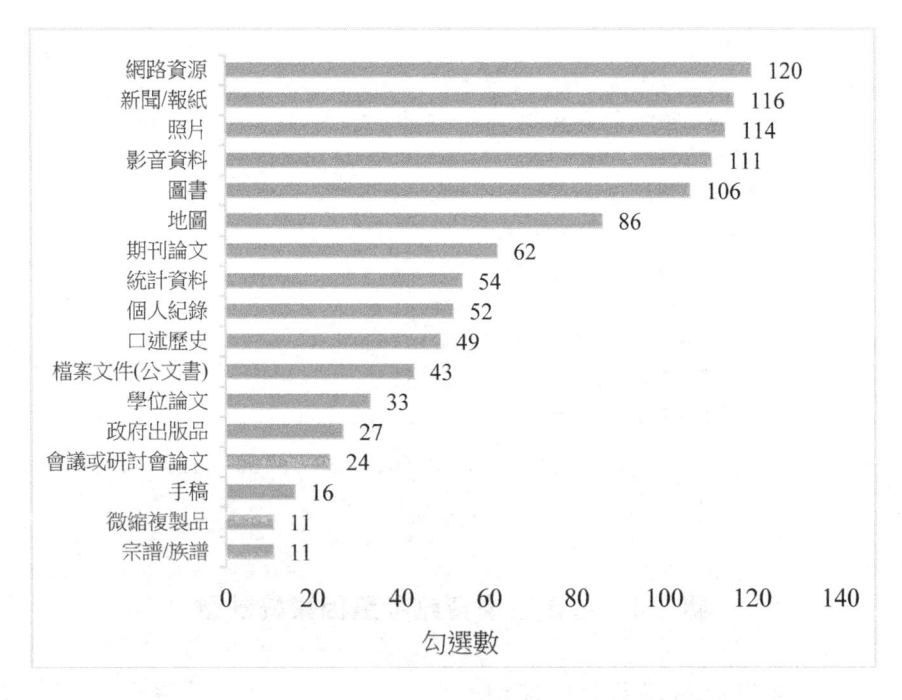

| 類型 | 勾選數 |
|---|---|
| 網路資源 | 120 |
| 新聞/報紙 | 116 |
| 照片 | 114 |
| 影音資料 | 111 |
| 圖書 | 106 |
| 地圖 | 86 |
| 期刊論文 | 62 |
| 統計資料 | 54 |
| 個人紀錄 | 52 |
| 口述歷史 | 49 |
| 檔案文件(公文書) | 43 |
| 學位論文 | 33 |
| 政府出版品 | 27 |
| 會議或研討會論文 | 24 |
| 手稿 | 16 |
| 微縮複製品 | 11 |
| 宗譜/族譜 | 11 |

圖 3-5　經常使用的備課資料類型統計圖

5. 找尋教學資源的困難

詢問教師當找尋教學資源時經常會遇到的困難，以「資料量過多，難以篩選」居多，有 92 次，占 59%；其次為「查到目錄但內容全文無法閱覽（如：紙張破損、內容遮掩）」共 62 次（39.7%），或是「不知有何管道」共 54 次（34.6%）、「不熟悉檔案館」有 46 次（29.5%），代表歷史教師找尋教學資源的過程中，對於如何正確找尋資料、如何判斷資料，比較有困難。至於勾選其他者，則表示：需收費或資格限制、資料或地圖不完整、可信度難以查證等問題（圖 3-6）。

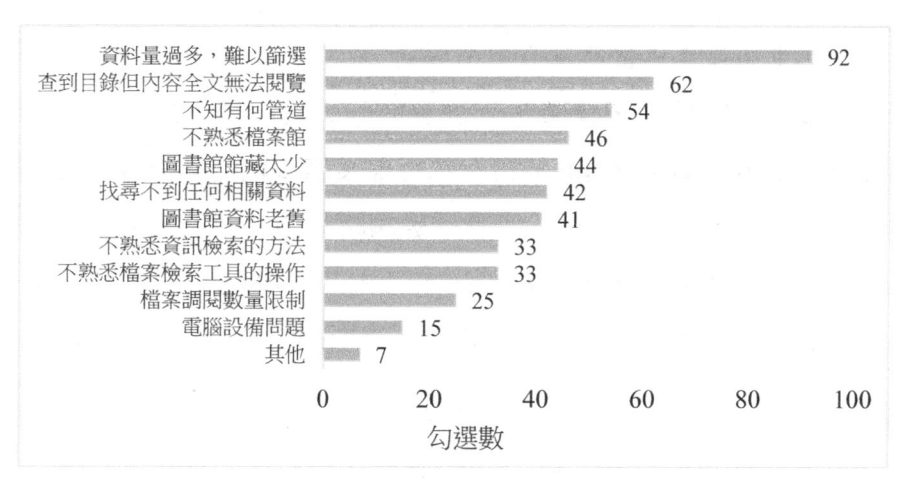

```
資料量過多，難以篩選     92
查到目錄但內容全文無法閱覽  62
不知有何管道          54
不熟悉檔案館          46
圖書館館藏太少         44
找尋不到任何相關資料      42
圖書館資料老舊         41
不熟悉資訊檢索的方法      33
不熟悉檔案檢索工具的操作    33
檔案調閱數量限制        25
電腦設備問題          15
其他              7
```

圖 3-6　找尋教學資源的困難因素統計圖

## （三）使用檔案之需求與經驗

### 1. 平均每年使用檔案資料次數

教師過去五年平均每年使用檔案次數，以「1 至 5 次」為最多，總計 53 人，占 34%；「6 至 10 次」次之；從使用次數的分布可以看到兩極化的現象，亦即多數歷史教師的使用次數不高，但也有少數為經常使用者，使用次數在「21 次以上」（圖 3-7）。

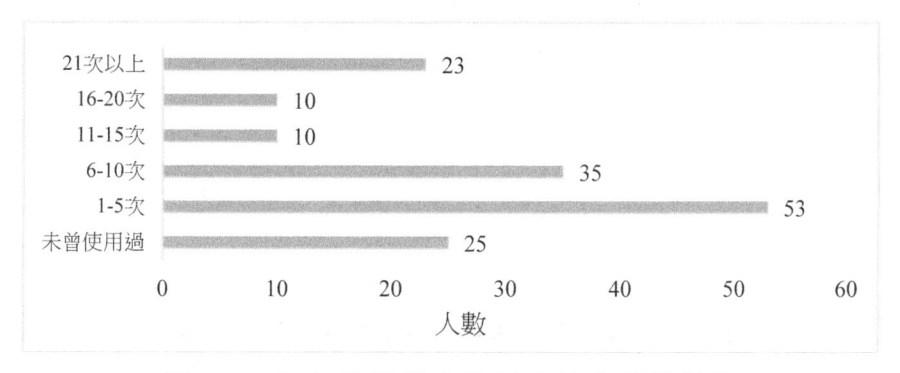

```
21次以上   23
16-20次   10
11-15次   10
6-10次    35
1-5次     53
未曾使用過   25
```

圖 3-7　每年使用檔案資料平均次數統計圖

2. 查詢檔案典藏機構資料的方式

教師造訪檔案機構時，查詢資料的方式，結果以「透過網路檢索引擎（如：google）指引知道檔案館藏地，然後線上檢索瀏覽」為最多，占 60％；「先透過網路查詢該館藏目錄，然後再到相關檔案閱覽室調閱檔案」次之，占 33％。可知教師已能善用檢索管道，經過查詢判斷資料再實際運用資料（圖 3-8）。

查詢方式

- 透過網路檢索引擎（如：google）指引知道檔案館藏地，然後線上檢索瀏覽
- 先透過網路查詢該館藏目錄，然後再到相關檔案閱覽室調閱檔案
- 拜訪我所熟悉的檔案館，請教檔案參考人員協助找出相關館藏或線上檢索他館館藏
- 根據經驗判斷檔案館藏地，直接造訪檔案館於閱覽室使用檔案檢索工具檢索相關檔案
- 其他

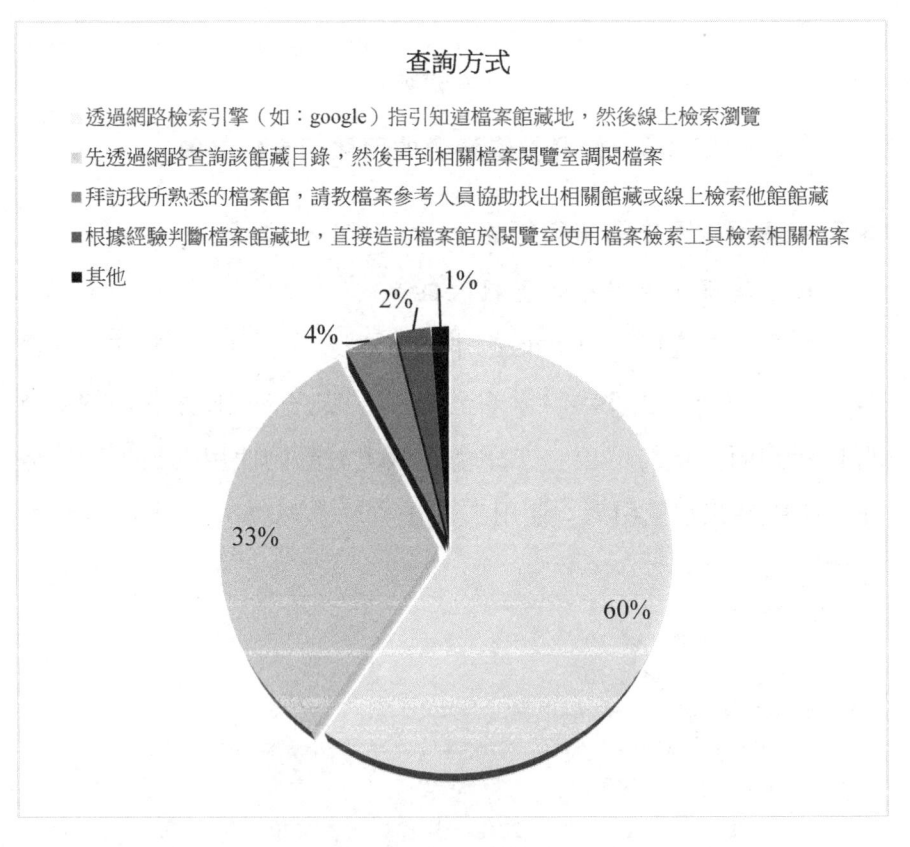

1%、2%、4%、33%、60%

圖 3-8　查詢檔案典藏機構資料方式統計圖

### 3. 希望檔案機構提供之教學協助

教師希望檔案機構提供的教學協助（可複選），是以「提供有關教學之諮詢服務」為最多，勾選數達 96 次，占總填答人數 61.5％；「提供檔案檢索工具之操作教學」次之；其他依勾選比例多寡排序則為「放寬檔案調閱限制」、「協助館際調閱或複製檔案」、「協助辦理檔案機構之參訪觀摩」、「轉介國外檔案館檔案查詢服務」，而勾選「其他」者的說明有：操作介面需簡單易懂、提供電子化借閱或下載等（圖 3-9）。

| 項目 | 勾選數 |
| --- | --- |
| 提供有關教學之諮詢服務 | 96 |
| 提供檔案檢索工具之操作教學 | 80 |
| 放寬檔案調閱限制 | 71 |
| 協助館際調閱或複製檔案 | 68 |
| 協助辦理檔案機構之參訪觀摩 | 42 |
| 轉介國外檔案館檔案查詢服務 | 29 |
| 其他 | 3 |

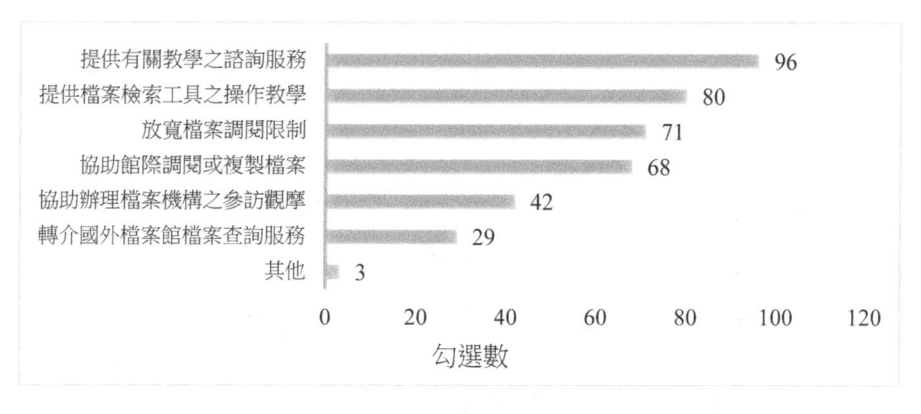

圖 3-9　**希望檔案機構提供的教學協助統計圖**

### （四）對於檔案融入教學的看法

#### 1. 適合教學運用的檔案資料類型

廣義的檔案資料範圍可包含載錄事件過程的各種形式紀錄，如：照片、影音、手稿、信件、會議紀錄、口述歷史、訪問紀錄等皆屬之。詢問教師認為適合教學運用之檔案類型，結果以「照片」最多，勾選數 121 次，占 77.6％，其次為「影音資

料（包含膠卷、電影、聲音紀錄等影音資訊）」被勾選115次，占73.7％；而以「會議紀錄」為最少。可知教師認為以視覺表現之檔案資料，較容易在課堂運用（圖3-10）。

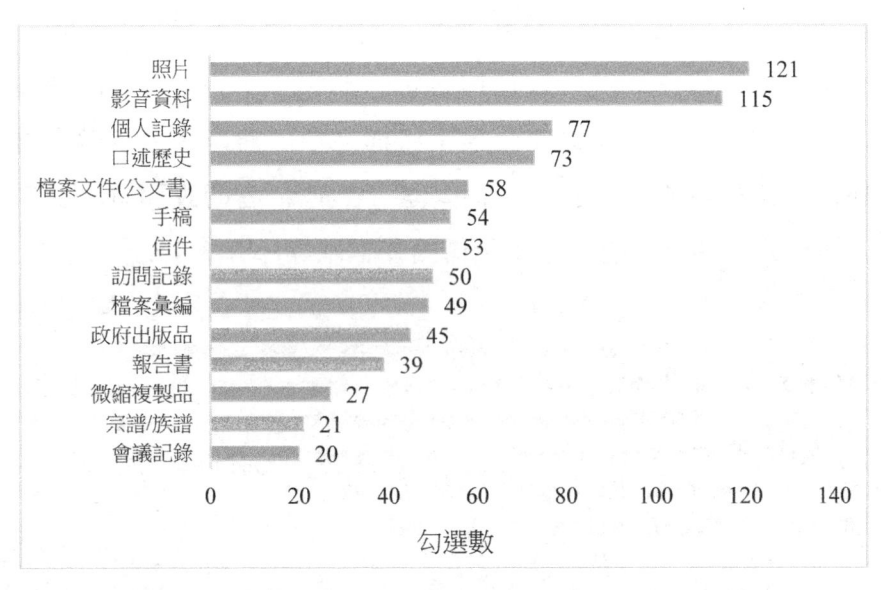

| 檔案資料類型 | 勾選數 |
|---|---|
| 照片 | 121 |
| 影音資料 | 115 |
| 個人記錄 | 77 |
| 口述歷史 | 73 |
| 檔案文件(公文書) | 58 |
| 手稿 | 54 |
| 信件 | 53 |
| 訪問記錄 | 50 |
| 檔案彙編 | 49 |
| 政府出版品 | 45 |
| 報告書 | 39 |
| 微縮複製品 | 27 |
| 宗譜/族譜 | 21 |
| 會議記錄 | 20 |

**圖 3-10　適合教學運用的檔案資料類型統計圖**

2. 曾運用於教學的檔案館藏資源

教師過去曾利用於教學的檔案館資源（可複選），亦以「照片」為最多，勾選數96次，占總填答人數61.5％；「影音資料（包含膠卷、電影、聲音紀錄等影音資訊）」次之，勾選數87次，占55.8％；其他依勾選比例多寡排序則為：「口述歷史」、「個人紀錄（如：日記、實物）」、「政府出版品」、「檔案彙編」、「檔案文件（公文書）」、「手稿」、「信件」、「訪問紀錄」、「報告書」、「會議紀錄」、「微縮複

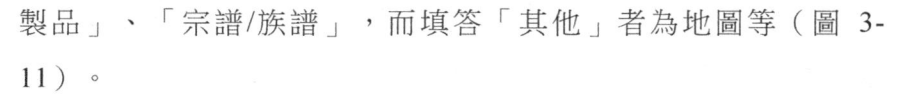

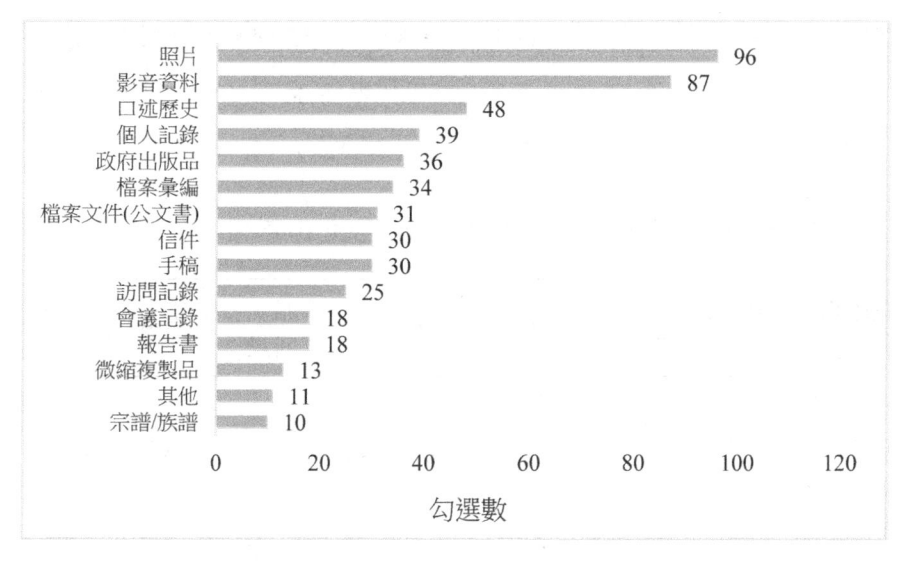

製品」、「宗譜/族譜」,而填答「其他」者為地圖等(圖 3-11)。

| 類型 | 勾選數 |
|---|---|
| 照片 | 96 |
| 影音資料 | 87 |
| 口述歷史 | 48 |
| 個人記錄 | 39 |
| 政府出版品 | 36 |
| 檔案彙編 | 34 |
| 檔案文件(公文書) | 31 |
| 信件 | 30 |
| 手稿 | 30 |
| 訪問記錄 | 25 |
| 會議記錄 | 18 |
| 報告書 | 18 |
| 微縮複製品 | 13 |
| 其他 | 11 |
| 宗譜/族譜 | 10 |

**圖 3-11　曾於教學運用的檔案館藏資源統計圖**

3. 對於檔案融入教學的認同程度

教師對於檔案融入教學的認同程度,題組總平均數為 3.650,在各項認知選項中,以「我會進行課前教學內容分析,並使用檔案典藏機構查找檔案資料」認同度最高,平均數為 3.769。其他平均數在 3.75 以上的題項,包括:「我能選擇適用的檔案資料融入教學以達成教學目標」、「我能使用檔案資料進行教學活動」、「我會評估使用檔案典藏機構搜尋檔案資料的過程是否能滿足教學資訊需求」、「我能使用檔案資料製作教材」、「我會評估使用檔案資料是否能提昇自我專業能

力」，而「我能使用檔案資料進行班級經營」平均分數最低，表示中學歷史教師認為檔案有助於進行課前教學資料準備，能幫助教師豐富教學材料，認可檔案資料的運用可提升教師教材製作和教學活動的進行，並提升教學專業能力，但對於如何運用於班級經營的能力顯然比較缺乏（表 3-1）。

表 3-1　對於檔案融入教學的認同程度統計表

| 檔案融入教學認同程度 | 非常不同意 | 不同意 | 普通 | 同意 | 非常同意 | 平均數 | 標準差 |
| --- | --- | --- | --- | --- | --- | --- | --- |
| 我會進行課前教學內容分析，並使用檔案典藏機構查找檔案資料 | 2 | 9 | 35 | 87 | 23 | 3.769 | 0.82 |
| 我會進行課程需求分析，並依其需求使用檔案資料設計課程 | 1 | 11 | 48 | 76 | 20 | 3.660 | 0.82 |
| 我能瞭解教學對象的需求，並利用檔案資料設計相關的教學活動，以符合教學對象之所需 | 1 | 11 | 46 | 75 | 23 | 3.692 | 0.83 |
| 我能事先擬定課程的教學目標，使用檔案資料選擇適合的教學策略 | 1 | 10 | 41 | 81 | 23 | 3.737 | 0.81 |

| 檔案融入教學認同程度 | 非常不同意 | 不同意 | 普通 | 同意 | 非常同意 | 平均數 | 標準差 |
| --- | --- | --- | --- | --- | --- | --- | --- |
| 我能依照教學目標，使用檔案資料設計相關的教學活動 | 0 | 14 | 38 | 87 | 17 | 3.686 | 0.79 |
| 我能選擇適用的檔案資料融入教學以達成教學目標 | 1 | 12 | 29 | 95 | 19 | 3.763 | 0.79 |
| 我能使用檔案資料製作教材 | 2 | 9 | 42 | 76 | 27 | 3.750 | 0.85 |
| 我能使用檔案資料進行教學活動 | 1 | 10 | 37 | 85 | 23 | 3.763 | 0.80 |
| 我能使用檔案資料進行班級經營 | 5 | 25 | 62 | 51 | 13 | 3.269 | 0.94 |
| 我能使用檔案資料進行測驗評量 | 5 | 22 | 44 | 73 | 12 | 3.417 | 0.94 |
| 我能使用檔案資料製作個人教學檔案 | 2 | 19 | 48 | 78 | 9 | 3.468 | 0.83 |
| 我會使用檔案資料與同儕討論教學上的問題 | 2 | 17 | 51 | 70 | 16 | 3.519 | 0.87 |
| 我會評估使用檔案典藏機構搜尋檔案資料的過程是否能滿足教學資訊需求 | 3 | 6 | 38 | 88 | 21 | 3.756 | 0.81 |

| 檔案融入教學認同程度 | 非常不同意 | 不同意 | 普通 | 同意 | 非常同意 | 平均數 | 標準差 |
|---|---|---|---|---|---|---|---|
| 我會評估使用檔案資料是否能提昇學生的學習成效 | 2 | 8 | 39 | 86 | 21 | 3.744 | 0.80 |
| 我會評估使用檔案資料是否能提昇自我專業能力 | 2 | 7 | 38 | 90 | 19 | 3.750 | 0.78 |

4. 不同背景教師對於檔案融入教學看法之差異

　　因年齡、教學年資與參加研習時數可能會影響教師對於檔案融入教學之意見，進一步以單因子變異數分析（One way ANOVA）比較不同背景教師（年齡、教學年資、參加研習時數）對於檔案融入教學看法之差異。

　　單因子變異數分析結果顯示，「教學年資」與「參加研習時數」多寡對於將檔案融入教學認同程度皆未達明顯差異，僅有年齡條件背景在「我會使用檔案資料與同儕討論教學上的問題」一項的認同程度達到顯著差異。代表歷史教師對於檔案融入教學各題項看法不會因年齡、教學年資與參加研習時數有所差異，僅有年齡會影響是否會使用檔案資料與同儕討論的認同程度（表 3-2）。

表 3-2　不同背景對於檔案融入教學的認同差異分析

| 檔案融入教學認同程度 | 年齡 | | 教學年資 | | 參加研習次數 | |
|---|---|---|---|---|---|---|
| | F 值 | p 值 | F 值 | p 值 | F 值 | p 值 |
| 我會進行課前教學內容分析,並使用檔案典藏機構查找檔案資料 | 0.75 | 0.5259 | 1.83 | 0.1260 | 1.75 | 0.1769 |
| 我會進行課程需求分析,並依其需求使用檔案資料設計課程 | 0.91 | 0.4383 | 1.59 | 0.1791 | 1.73 | 0.1803 |
| 我能瞭解教學對象的需求,並利用檔案資料設計相關的教學活動,以符合教學對象之所需 | 0.58 | 0.6317 | 1.17 | 0.3273 | 2.26 | 0.1078 |
| 我能事先擬定課程的教學目標,使用檔案資料選擇適合的教學策略 | 0.42 | 0.7403 | 0.57 | 0.6880 | 1.59 | 0.2075 |
| 我能依照教學目標,使用檔案資料設計相關的教學活動 | 0.54 | 0.6589 | 0.70 | 0.5937 | 0.68 | 0.5086 |
| 我能選擇適用的檔案資料融入教學以達成教學目標 | 1.39 | 0.2466 | 0.91 | 0.4575 | 0.53 | 0.5898 |
| 我能使用檔案資料製作教材 | 1.12 | 0.3423 | 1.05 | 0.3838 | 2.06 | 0.1315 |

| 檔案融入教學認同程度 | 年齡 | | 教學年資 | | 參加研習次數 | |
|---|---|---|---|---|---|---|
| | F值 | p值 | F值 | p值 | F值 | p值 |
| 我能使用檔案資料進行教學活動 | 1.33 | 0.2660 | 0.60 | 0.6618 | 1.31 | 0.2721 |
| 我能使用檔案資料進行班級經營 | 2.03 | 0.1115 | 1.12 | 0.3507 | 0.64 | 0.5280 |
| 我能使用檔案資料進行測驗評量 | 0.58 | 0.6310 | 0.28 | 0.8916 | 2.08 | 0.1291 |
| 我能使用檔案資料製作個人教學檔案 | 1.38 | 0.2519 | 0.22 | 0.9294 | 0.09 | 0.9130 |
| 我會使用檔案資料與同儕討論教學上的問題 | 2.74 | **0.0451*** | 1.83 | 0.1251 | 1.17 | 0.3132 |
| 我會評估使用檔案典藏機構搜尋檔案資料的過程是否能滿足教學資訊需求 | 0.62 | 0.6021 | 1.17 | 0.3282 | 2.70 | 0.0702 |
| 我會評估使用檔案資料是否能提昇學生的學習成效 | 0.90 | 0.4418 | 0.60 | 0.6649 | 1.11 | 0.3331 |
| 我會評估使用檔案資料是否能提昇自我專業能力 | 1.11 | 0.3488 | 0.88 | 0.4799 | 1.66 | 0.1944 |

*$p < .05$

## 二、歷史教師備課經驗焦點訪談分析

本文以人際滾雪球方式邀請曾使用檔案融入教學之中學教

師參與焦點團體訪談，同意參與受訪者共 8 位，因檔案融入教學為新興之教育議題，故參與本文研究訪談之教師教學資歷多為 5 年以下，使用檔案經驗來自學士或碩士研讀期間受過相關的培訓課程，受訪者代號及其背景陳述如表 3-3：

表 3-3　焦點座談教師編號及其背景陳述

| 代號 | 學歷 | 教師資格 | 教學資歷 | 接觸與使用檔案經驗 |
| --- | --- | --- | --- | --- |
| H1 | 歷史學碩士 | 中等學校歷史科教師證書 | 4 年 6 個月 | 參與過檔案研習、修習過檔案教學課程、曾嘗試教學使用檔案 |
| H2 | 臺灣史碩士 | 中等學校歷史科教師證書 | 2 年 7 個月 | 參與過檔案研習、曾嘗試教學使用檔案 |
| H3 | 歷史學碩士 | 中等學校歷史科教師證書 | 1 年 | 參與過檔案研習、修習過檔案教學課程、曾嘗試教學使用檔案 |
| H4 | 歷史學學士 | 中等學校歷史科教師證書 | 2 年 | 修習過檔案教學課程、曾嘗試教學使用檔案 |
| H5 | 歷史學碩士 | 中等學校歷史科教師證書 | 2 年 6 個月 | 參與過檔案研習、曾嘗試教學使用檔案 |
| H6 | 歷史學碩士 | 中等學校歷史科教師證書 | 1 年 8 個月 | 修習過檔案教學課程、曾嘗試教學使用檔案 |
| H7 | 歷史學學士 | 中等學校歷史科教師證書 | 1 年 8 個月 | 修習過檔案教學課程、曾嘗試教學使用檔案 |
| H8 | 歷史學學士 | 中等學校歷史科教師證書 | 2 年 | 修習過檔案教學課程、曾嘗試教學使用檔案 |

根據焦點團體訪談問題重點,整理訪談結果如下:

## (一)對於檔案融入教學之課程設計意見

受訪教師對於將檔案融入教學之課程設計意見,認為可先導入議題引起學習動機,課程內容可設計問題促進學生思考,搭配「有層次的提問」可以深化思辨能力,如能運用多元檔案材料,可增加參與課程的吸引力,惟課程時間和內容深度必須考量學生接受程度,才能達到課程學習的目標,統整教師意見面向,分述對於課程設計之各項見解如下:

### 1. 課程引言需要與學生的認知連結

教師認為引起學生學習動機通常是教學活動的第一個步驟,如何維持學生的學習動機直到學習結束,是教師在進行教學過程中應該留意的重點。因此,教師於教學設計時應思考如何設計引起動機的引言,才能成功吸引學生的注意力和興趣。倘若沒有學生積極的參與,就不是有效的課堂學習。因此,教師必須事先注意與課程內容相關的議題,將引言素材融入於課程設計,連結課程主題與學生的認知,以貼近學生生活的議題引起好奇和學習興趣。例如 H8 的說明:

> 「課程開始先進行暖場引言,可以先用與現在時事相關的例子引起興趣,不要直接用過去的人物和場景,因為學生會沒有感覺,如果用現在新聞提到的關連場景,學生會比較有真實感。(H8:24-26)」

2. 增加開放性與思考性的提問設計

　　好的教學活動設計應同時包括體驗與反思，若缺少任何一面，將失去活動的意義。好的問題設計可以引發動機、澄清信念，透過引導反思問題讓學生思考答案，會比教師直接說出答案，能讓學生印象更深刻、內心更有感覺。檔案蘊含真實的歷史內容，資料本身之操作性高，可成為教師設計與領導活動的素材，師生可針對檔案內容進行分析與討論。因此，若能針對課程內容設計相對的反思活動，會成為將檔案融入教學的關鍵亮點。印證 H6 的意見：

「在綜合活動中有一個不錯的建議，⋯⋯我喜歡讓學生去思考，是好還是不好？講到解嚴的歷史我會讓學生討論現在社會的言論自由，⋯⋯社會呈現這樣的風貌，這是否為民主的價值？這是個值得跟學生討論的議題。（H6：77-83）」

受訪教師 H8 也提出相關的意見：

「開放式教學設計會希望引導學生思考，根據自己對於知識的理解做出表達，讓學生從彼此的意見中互相學習，所以，課程設計可以融入問題，鼓勵學生表達看法，不論對錯，重點是鼓勵學生思考和判斷。（H8：33-34）」

3. 課程設計搭配有層次的提問

教師建議提問技巧與問題設計可參考閱讀策略教學中「有層次的提問」進行設計，將問題分為事實、推論、評論三種層次，進行有層次的提問，並搭配難易度不同的課程，循序漸進地訓練學生的能力。在歷史教學的事實性問題，包括人、事、時、地、物以及簡單的事件因果；推論的問題則是較為複雜的事件因果關係、人物關係、時間順序、主詞與代名詞、角色情緒轉折、推論作者的意圖或目的等；評論的問題可藉由角色人物特質，歸納支持的理由、推演自己和文中角色的想法或做法之異同、評論文中內容的邏輯與理路。此做法運用於課程設計，提問從明確而較容易的問題，逐漸到開放式的提問，循著課程的脈絡進行調整，並儘可能讓學生思考理解歷史真實場景的問題。引述 H5 的具體意見：

> 「……套用文本閱讀策略，當讀檔案時也可以這樣做……把訓練分成三個層次：第一個層次是檢索，直接地從檔案裡看到什麼，能直接找到答案的那種問題，例如：『貞觀之治是哪一個皇帝？』……第二個層次的話，例如你看到一篇文章，可以說出作者想關懷的是哪些議題？第三個層次就是觀點、論點的討論，或是學生自己的產出。用這樣的三種層次去學習歷史、去設計問題……建構三種層次的問題，可以加深學習成效。（H5：64-70）」

4. 課程設計可運用不同檔案資料的比較

教師認為將具有關連或具有相同主題討論度的檔案之間進行比較，請學生分別閱讀後找出檔案透露的資訊、異同以及嘗試回答問題，對於學生比較容易參與學習，而且比較能夠吸引注意力。在各種可運用的資料類型中，以影像檔案效果最佳，因為資訊環境的影響，現在學生經常以視覺方式記錄或閱讀內容，學生對於影像、聲音的敏感度會大於密密麻麻的文字。例如 H1 提到：

「因為課本總是描述臺灣或中共的立場，若討論我們外交的困境，除了用國內的檔案也能加入國外斷交國同時期的檔案，就可以解釋為何捨棄跟中華民國的建交關係而選擇中華人民共和國……藉由討論比較可以理解不同的立場。（H1：7-17）」

教師 H5 例舉說明：

「在這份教案裡面我看到比較喜歡的是檔案的比對，尤其是圖片影像，對於學生來說較容易操作，而且可以吸引他們注意。（H5：58-63）」

5. 教案設計需考量不同程度學生能力差異

教學現場的學生即使在同一班級中，學生的素質與學習態

度還是有一定程度的落差。因此，多數受訪教師認為，設計教案時必須顧慮到，課程是否能適用於不同素質或學習背景的學生。若面對不同的學生、在不同的環境執行教案時，教師該如何進行調整；甚至同一個單元、同一個課題，在不同教育場域時，如何使用不同的教學方法呈現。引述 H6 的意見佐證：

> 「像我服務的學校已經是地區名校了，但內部的落差還是很大……我對學生的素質是悲觀的，教案設計還是要顧慮到學生的素質，……指令要很明確，在一堂課內可以兼顧各種深度……現在有的學生甚至對於當代人物都不是很瞭解，需要加入基本的解釋。（H6：118-128）」

### （二）對於檔案融入教學實施過程之意見

#### 1.課堂以問題導向學習搭配活動

問題導向學習是一種異於傳統的教學方法，是讓學生在真實的環境中，將所發生的實際生活問題形成案例，大家共同討論，並提出問題解決之道。學生不只是在教師講授中得到知識，最重要的是在小組討論中學習，發展成為自我引導學習的能力。在這個過程中，教師扮演著激勵者和觀察者的角色，由於問題導向學習較傳統單向授課的模式，會花費教師與學生較多心力與時間，受訪教師的經驗是如果課堂設計過多問題，會造成學生學習負擔、學習意願低落，時間控管也有困難。因此，教師建議採用問題導向學習可搭配其他不同活動，才能發

揮效果。引述 H6 相關意見：

「我覺得教案中單一堂課給問題太多，不一定有用。……思考性的問題可以留下最重要的就好，其他部分可能就要用別的活動方式慢慢建構，不用想在一個單元中看到成果。（H6：124-128）」

受訪教師 H8 同樣地建議：

「問題導向的設計會花很多時間在跟學生互動，通常有正式課程的進度壓力下很難進行，既然是選修的課、是延伸課程的學習，應該不要趕進度，要帶活動讓學生感受到歷史課程的興趣。（H8：49-51）」

2. 帶引活動需事先安排實施細節

多元選修課程多半會跳脫教科書的教學設計，而檔案是具有可操作性之教學素材，將檔案融入教學多半會以師生密集互動方式進行課程活動，如小組討論、師生情境問答等。因此，課程須經由教師縝密設計，確認過程操作與進行方式，方可順利實行於課堂中。但在實際執行時，仍會因各種外部因素，造成課程進行之阻礙，例如：時間不夠、討論氣氛不佳等。因此，教師必須事前考量所有任何可能發生的狀況，考量應變措施。例如 H3 認為：

> 「可以課前先跟學生講好，限制每個人或每一組只能講多少時間，學生就會自己去思考在現有時間內他們怎麼把自己的想法講出來，這也算是一種訓練，如何在時間限制內清楚表達想法。（H3：99-101）」

3.找出檔案融入課程的最佳時機

對於將檔案資料融入課程之時機（何時發放、何時呈現），受訪教師們有不同的意見討論。部分教師建議可事先發放，讓學生在課堂進行前準備並事先閱讀，才能澈底掌握檔案內容，並知道該如何回答討論問題。例如教師H6和H7採事先發放資料的課程經營經驗是成功的，而教師H2的作法是：

> 「建議課前發下所有資料，可以把所有檔案作為一本小手冊或課本，讓他們在課前或課餘時間能自己閱讀這些資料，動態的東西則是附上網址。（H2：96-98）」

亦有受訪教師認為，考量到學生學習態度與程度不一，事先發放資料學生自發閱讀的效果不大，應將重點放在課堂經營，增加引導閱讀和討論時間，例如教師H5的建議是：

> 「會主動先閱讀的學生不多，我自己操作下來的感覺是寧可資料少一點、在課堂上發，不然學生沒先閱讀，我預設的課程會亂掉。（H5：58-63）」

教師 H8 也是支持：

「儘量用課堂時間經營，將課外的作業要求降到最必要的份量，不要讓學生覺得是歷史課學習的負擔，這樣學生比較不會有排斥上這個課的動機。（H8：75-76）」

4. 設計開放式的成果發表活動

運用檔案融入教學過程，可藉由大量資料閱讀與課堂討論活動設計，將學生參與課程的產出加以記錄和保存。因此，受訪教師建議可於課後舉辦開放式的成果發表，將學生課堂使用過的檔案資源與各種形式的成果作品，與校內師長同學分享。此作品不僅能成為課程實施的紀錄，亦能成為有利於學生未來升學或參賽的個人生涯作品集，甚至可回饋給檔案典藏機構，成為檔案創意加值的提案。引述 H1 受訪意見：

「建議整個課程可加入成果發表呈現……讓學生有實際的作品出來，例如在小組分配檔案閱讀後，進行百科全書辭條的製作、單元檔案的介紹，再讓他們上台發表……是很好的評量方式，也可以作為學生的作品集。（H1：18-23）」

5. 符合教學課堂時間並預留操作彈性

教師們在設計課程時，經常希望把認為重要的、學生必須

知道的知識全部放在一堂課裡，卻經常忽略學生的感受與接受程度，沒有仔細思考這樣的時間是否足以講得清楚，而學生在接觸新知識後，需要時間反思、練習，才能建構出屬於自己的知識，再應用這些知識到新的情境中，處理新的問題。因此，受訪教師們皆建議課程步調與節奏應放緩，預留彈性時間，才能增加教案實施之可行性。引述 H6 所述：

>「……做這種課程，有個慘痛的教訓……一節課差不多就是討論一個論點……帶活動下來，若希望學生有實際的產出的話，就是用到一節課……而且他們是自由選課，可能來自不同的班級，移動、換座位等等又會再花一點時間，實際可以運用的時間可能只有 40 至 45 分鐘。（H6：129-135）」

### （三）對於檔案典藏機構提供教學支援的看法

#### 1. 檔案館線上目錄品質與功能有待改善

教師對於檔案典藏機構支援教學的看法，根據過去使用檔案線上目錄的經驗，會發現有分類謬誤、著錄內容詳簡不一的狀況，或是有欄位缺漏、著錄資訊過於簡短等，影響到歷史教師的使用意願，認為臺灣之檔案典藏機構尚且需要提升目錄系統功能。引錄 H2 的意見：

>「常常都只看到目錄上簡單的描述，無法知道更詳細確

切的內容……如果要使用檔案館的資源設計課程，不知道詳細內容，就變得有點困難。（H2：190-193）」

### 2. 推廣與課程相關且開放的影音檔案

檔案依法開放公眾使用，已有明確之法源依據。但受訪教師根據過往使用經驗認為目前申請應用檔案仍然非常不便。尤其是影音資料已成為人們慣用的主要資訊，但檔案典藏機構似乎對於特定主題檔案以及影音資料之開放使用仍持保守態度，致使多數影音資料無法即時瀏覽片段。除非是限於版權問題，否則應鼓勵已經在公開場所開放過的影音檔案，能更公開、透明地提供使用。引述相關意見如 H3：

「我在挑檔案的時候，例如李登輝在很多場合講的話……這些公開場合的談話，公開使用應該還好吧！因為當時也是公開過呀！（H3：199-202）」

受訪教師 H7 也認為：

「為何很多檔案不放到線上，尤其是影音……感覺態度還是偏保守。現在 Youtube 之類的很方便，……越來越常用到影音，這應該是檔案館可以做到的事情，可能他們（檔案館）有些顧慮，但這類東西（公開談話部分）應該是不需要隱藏吧！（H7：211-220）」

3. 簡化檔案調閱程序提供教師便捷取用管道

教師根據過往使用經驗，認為至檔案典藏機構調閱檔案程序繁複，「提出應用申請－准駁回覆通知」過程的等待時間與相關行政流程非常冗長，教師無法輕易閱覽抄錄，造成許多使用上的不便，進而降低使用意願。雖然檔案典藏機構已有部分檔案可提供線上影像瀏覽，但可開放線上瀏覽之檔案內容數量仍屬有限。受訪教師希望檔案典藏機構對於檔案申請使用的程序可以簡化，甚至能夠給予教師或教育相關人員比較便利的取用管道，引述 H6 的意見：

> 「我曾經要調閱檔案來看，但發現超級麻煩，它有一些固定的流程，而且要等一段時間，還要身份證等證明。……對於用在教育用途，是否能提供比較方便的申請。（H6：204-210）」

4. 檔案機構可與歷史教師建立教學夥伴關係

歷史教師在教學上雖然有使用檔案的需要，但目前多數教師使用檔案檢索系統的意願低落，更遑論利用檔案館藏編撰教材、融入課程。檔案典藏機構為鼓勵教師使用，可與教學現場的教學者合作，藉由與教師訪談可瞭解教師對於檔案彙編、教材編製與推廣方面的意見，需要以貼近教育現場需求的角度提供檔案素材，甚至可合作編製教材，建立檔案館藏與教學者合作開發教材的方式，促進檔案使用。引述 H6 的建議是：

「未來可以在教科書上著墨,畢竟中學教師教學很忙,若能跟檔案機構合作編撰更有品質、更有趣的教科書,可能會是更務實的做法。……檔案機構可以跟書商、學者配合,進行教科書的編寫。(H6:249-254)」

受訪教師 H1 也提出:

「可以跟書商合作,我們常會拿到備課用的教學光碟,可以讓老師教學使用更直接。(H1:184-185)」

## (四)對於檔案融入歷史教學之態度與期許

### 1. 檔案融入歷史教學有助提升學習興趣

受訪教師認為檔案融入歷史教學時,由於課程活動不同於傳統講述式教學,即便學生參與討論或是發表意見的程度不一,但可明顯觀察出此種新的教學方式提升了學生的學習興趣與意願,也讓教師教學過程更加活化。引述 H6 的說法:

「我認為幫助是很大的……只要有東西佐證,學生就會很有興趣……讓課本的東西變得好像身歷其境,學生的思維也會比較立體……我在舊書攤買到《自由中國》雜誌,平常他們只在課本看到圖片,真正的東西更吸引他們……檔案對歷史來說非常珍貴,歷史教學必然一定會用到檔案,沒有檔案去佐證的話,真的就是紙上談兵。

（H6：152-164）」

受訪教師 H4 也認為：

「我對這樣的發展是充滿期待的，讓歷史課不再是死板的背誦課程，而是能讓學生真正體驗並從討論中思考。（H4：237-239）」

2. 教師需要具備檔案選材與檔案利用教育的能力

檔案融入教學讓教師對於課程經營有更多的發揮空間，可自由決定需要哪些教學資源，教師可以是資訊與學習資源的提供者、協助者，協助孩子找尋新的資訊及學習資源，並經過學生自我建構，轉化為知識。但教師必須具備如何蒐集資源、如何選取重要的教學資源、如何將資源應用至課程，以及如何教導學生利用資源等教學設計和課程經營能力。誠如 H4 所述：

「老師應該配合相關課程，慎選相關的檔案，審慎評估檔案的來源依據，才能決定是否在課堂上用。……考驗教師的備課能力及專業知識。（H4：174-175）」

3. 教師必須具備良好的課程講述與經營能力

進行情境模式、合作學習模式與問題導向教學的課程時，教師與學生或學生與學生之間經常會有大量的互動，也可能發

生學生無法跟上進度、小組討論不順利、學生參與度不一和秩序維護等問題。身為課程的領航員，教師必須能掌控教室的所有狀況，透過有效的班級經營方式，讓每個活動流程皆能順利進行。班級經營是一門藝術，藉由建立良好的師生關係與班級氣氛，讓每一位學生都能在適度的規範之下，獲得尊重並充分發揮個人的潛力與特質，才能營造理想的學習效果。例如教師H1提到：

> 「在辯論或討論時，老師控制上課秩序也很重要，班級經營技巧也會是個重點，也要看學生的狀況是不是能夠配合。（H1：90-92）」

受訪教師H6的經驗也是：

> 「若要用小組方式順利完成一件事，不會是從頭到尾都很順利的。（H6：118-128）」

## 伍、結論與建議

根據前述資料，綜合量化與質性分析結果，說明本文研究發現與綜合討論如下：
一、中學歷史教師課程資訊需求以「教學前準備」為主，教師

在乎取得資訊內容的正確性，但因找尋方便之故，尋求資訊管道仍以網路資源居多。

　　本文研究調查顯示歷史教師之教學資訊需求時機，將近七成是為「教學前準備」，備課是教師找尋資訊的主要動機。教師選擇教學資訊的判斷因素，以「資訊的正確性」和「資訊的方便性」為優先考量，因而教師找尋教學資源常以「瀏覽任何網頁內容」和「參與社群網站或網路論壇」為多。歷史教師對於教學備課，雖然在乎資料的正確性與課程相關性，但因網路資源方便取得之故，仍以使用網路資源為多，會運用館藏目錄檢索也高於瀏覽實體館藏，顯見以網路和數位方式推廣館藏已成為目前資訊傳播的重要途徑。

二、中學歷史教師備課使用檔案類型資料比例不高，認為照片和影音資料是比較容易在課堂運用的資料，找資料過程有量多難以篩選和調閱不便的問題。

　　詢問歷史教師經常使用的備課資料類型，「網路資源」雖為首選，但仍有高達七成以上教師會用照片及影音資料，印證訪談結果也是認為「影音」和「照片」資料能以視覺方式呈現較容易用於課程經營。或因教師常用網路資源檢索教學資料之故，當詢問教師找尋教學資源時遇到的困難，結果以「資料量過多，難以篩選」為多，也認為「查到目錄但內容全文無法閱覽」時，讓人感到挫折，訪談教師則希望能簡化檔案調閱程序，提供教師更為便捷的

取用管道。

三、教師使用檔案次數不高，比較常使用照片和影音等有視覺效果的檔案館藏資源，使用經驗是先透過網路指引檔案館藏再線上瀏覽。

教師過去五年平均每年使用檔案的次數不高，多數在 10 次以下。使用過的檔案資源以使用「照片」較多，其次為「影音資料」，顯然圖像型檔案對於教師教學有更直接的佐證和教學設計效果。至於教師使用檔案館藏的資料查詢方式，是以「透過網路檢索引擎指引知道檔案館藏地，然後線上檢索瀏覽」最多，其次為「先透過網路查詢館藏目錄，然後再到相關檔案閱覽室調閱檔案」，會直接到檔案館找尋資料者，不到一成。顯示教師找尋檔案館藏也是仰賴網路檢索作為開始，代表檔案館未來對於館藏的使用推廣可善用網路魅力，將館藏目錄提供搜尋引擎索引，引導使用網路的歷史教師連結到檔案館查詢館藏資料。

四、教師肯定將檔案融入教學的效益，對於檔案融入教學的看法不因年齡、教學年資與參加研習時數有明顯差異，由於運用檔案進行課程經營的能力相對缺乏，希望檔案機構能提供教學諮詢服務。

教師對於檔案融入教學的認同程度，以「我會進行課前教學內容分析，並使用檔案典藏機構查找檔案資料」認同度最高，對於教師教學設計能力之「我能選擇適用的檔案資料融入教學以達成教學目標」、「我能使用檔案資料

進行教學活動」也有平均數以上的表現。但對於「我能使用檔案資料進行班級經營」的認同度較低，代表教師對於經營課堂討論的能力較為不足。歷史教師對於檔案融入教學的看法不會因年齡、教學年資與參加研習時數有所差異，僅有年齡會影響是否會使用檔案資料與同儕討論的認同程度。訪談教師也支持將檔案融入教學能促進學生學習興趣，但教師會希望檔案館能提供教學協助，尤其是「提供有關教學之諮詢服務」和「提供檔案檢索工具之操作教學」，代表教師需要檔案機構提供有助於教學的參考諮詢服務以及檔案資源查詢利用指導。

　　根據上述結論，除了希望教師藉由研習增能提升教學內容設計，更重要的是期許檔案典藏機構基於推廣檔案應用工作目標，能主動開展檔案融入教學之業務規劃，相關建議如下：

一、教師進行課程設計可結合探究式教學，提升學生學習興趣。

　　檔案融入歷史教學課程，教師可使用問題導向與情境式教學設計，藉由課堂提問與對話，引導學生對於歷史內容之思辨能力。但進行問題設計時，教師需要考量問題之層次與難度，建議可運用三個歷程：擷取與檢索資訊（找一找）、形成廣泛理解（想一想）、發展解釋（讀一讀）。進行階段性的教學策略與課堂經營，引導學生由基本知識建構到發展為有深度區別、階段性與層次性的整體課程規劃，逐步建立學生的資料閱讀理解能力，以及歷史思維和批判能力。

二、檔案典藏機構與歷史教師共同合作，編製融入歷史教學之教材。

　　檔案典藏機構可主動與教育單位合作，辦理有關檔案融入教學之實作工作坊，藉由實作研習課程，瞭解檔案館藏資源分布以及如何將檔案原件融入、轉化為不同的課程教材方式，連結教師端與典藏機構端之互動與交流，一方面可幫助典藏機構瞭解教師教學需求，另一方面可讓教師熟悉檔案利用方式，藉此能帶引中學歷史教師將檔案資料融入課程教學，發揮檔案運用於教學的價值。檔案典藏機構擁有豐富的資源素材自應積極整理、提供教師運用於教學，惟教案之設計涉及教學實務，其製作仍以教師為主體，故可由各校歷史教師彼此合作，或在歷史學科中心引導下，運用各檔案典藏機構已線上開放資源，合力編製融入歷史教學教材。

三、檔案典藏機構可辦理工作坊，促進教師運用檔案資料能力。

　　隨著政府資訊開放，檔案典藏機構的角色由被動轉變為主動，除了保存歷史記憶之外，也致力於推廣館藏應用。從訪談可知教師們對於檢索系統的感受不佳，有相當的原因是教師對於系統與館藏並不熟悉。檔案典藏機構雖已提供利用指導與參考諮詢服務，但根據本文研究調查結果可知教師對此瞭解有限。因此，建議檔案典藏機構可透過研習、講座、工作坊、線上課程方式，積極辦理對於教師的館藏利用教育，教導教師學習使用館藏系統與資源，

促進檔案典藏機構與學校教師之互動。關心歷史教育之學校或是教師社群，也可以主動辦理跨校際檔案應用活動，邀請檔案管理機構專業人員講習，針對特殊需求、擇選特定主題，請檔案典藏機構協助講授檔案應用之知識。未來也可逐漸發展將檔案素養及檔案教學等知能，加入師資培育課程，強化教師具備檔案資料運用能力。

四、建立資源網站配合教學主題提供教案與檔案內容，便利課程直接運用。

臺灣數位典藏內容的質量已達一定水準，利用多媒體可呈現不同的教學效果，並吸引學生注意。雖然目前各檔案典藏機構有針對特定主題或展覽製作主題網站，提供圖像、影音與動畫等檔案資源，可支援不同議題的教學。但這些管道過於龐雜、分散，資源並未經統整，也鮮少被檔案典藏機構推廣。建議檔案事業主管機關或教育部可設置檔案教育資源網站，以課綱為經，檔案資料為緯，建立跨部會、跨檔案典藏機構之合作，不僅便利老師課程設計教學，亦能按照實際網站操作，引導學生尋獲檔案進行問題討論，更能提供學生在校之外的線上學習平台。

後記：本文曾發表期刊論文，經重整文字後完成。原刊載期刊：林巧敏（2021）。檔案融入中學歷史課程之教師意見調查分析。圖書資訊學刊，19(2)，77-111。

## 參考文獻

Anderson, I. G. (2004). Are you being served? Historians and the search for primary sources. *Archivaria, 1*(58), 81-129.

Bahde, A. (2013). The history labs: Integrating primary source literacy skills into a history survey course. *Journal of Archival Organization*, 11(3/4), 75-204.
doi:10.1080/15332748.2013.951254

Carini, P. (2009). Archivists as educators: Integrating primary sources into the curriculum. *Journal of Archival Organization*, 7(1/2), 41-50.
doi:10.1080/15332740902892619

Dalton, M. S., & Charnigo, L. (2004). Historians and their information sources. *College and Research Libraries*, 65(5), 400-425.
doi:10.5860/crl.65.5.400

Department for Education. (2013). National curriculum in England: History programmes of study. Retrieved from https://www.gov.uk/government/publications/national-curriculum-in-england-history-programmes-of-study

Dobbs, G. R. (2011). Archival materials and the teaching of historical geography and historical GIS. *Journal for the Society of North Carolina Archivists, 9*(1), 2-14.

Holmes, E. (2015). Building engaging teaching materials with primary sources. *Agora*, 50(1), 62-66.

Johnson, M. J. (2010). Teaching with primary source texts. *School Library Monthly*, 27(3), 31-33.

Krause, M. G. (2010). It makes history alive for them: The role of archivists and special collections librarians in instructing undergraduates. *Journal of Academic Librarianship*, 36(5), 401-411. doi:10.1016/j.acalib.2010.06.004

Maddrell, A. (2007). Teaching a contextual and feminist history of geography through role play: Women's membership of the royal geographical society (1892-1893). *Journal of Geography in Higher Education*, 31(3), 393-412. doi:10.1080/03098260601082305

McAleavy, T. (1998). The use of Sources in school history 1910-1998: A critical perspective. *Teaching History*, 91, 10-16.

McCoy, M. (2010). The manuscript as question: Teaching primary sources in the archives — The China Missions Project. *College & Research Libraries*, 71(1), 49-62. doi:10.5860/0710049

Morris, S., Mykytiuk, L. J., & Weiner, S. A. (2014). Archival literacy for history students: Identifying faculty expectations of archival research skills. *American Archivist*, 77(2), 394-424.

doi:10.17723/aarc.77.2.j270637g8q11p460

Olson, J. C. (2009). Teaching with archives, teaching about archives. *Journal for The Society of North Carolina Archivists*, 6(2), 86-91.

Robb, J. E. (2009). The Opper Project: Collaborating with educators to promote the use of editorial cartoons in the social studies classroom. *RBM: A Journal of Rare Books, Manuscripts & Cultural Heritage*, 10(2), 70-94.

doi:10.5860/rbm.10.2.320

Robyns, M. (2001). The archivist as educator: Integrating critical thinking skills into historical research methods instruction. *The American Archivist*, 64(2), 363-384.

doi:10.17723/aarc.64.2.q4742x2324j10457

Ruff, T. P., & Nelson, J. T. (1997). *Classroom Ready Activities for Teaching History and Geography in Grade 7-12*. Boston, MA: Allyn & Bacon.

Ruffin, E., & Capell, L. (2009). Dispelling the myths: Using primary sources in the K-12 classroom. *Children & Libraries: The Journal of the Association for Library Service to Children*, 7(1), 26-31.

The Schools Council History Project 13-16. (1976). *A New Look at History*. Edinburgh, Scotland: Collins Educational.

Weiner, S. A., Morris, S. L., & Mykytiuk, L. J. (2015). Archival literacy competencies for undergraduate history majors. *The American Archivist*, 78(1), 154-180.

doi:10.17723/0360-9081.78.1.154

Wineburg, S., Martin, D., & Monte-Sano, C. (2012). *Reading like an Historian: Teaching Literacy in Middle and High School History Classrooms* (2nd ed.) New York, NY: Teachers College Press.

Yakel, E. (2004). Information literacy for primary sources: Creating a new paradigm for archival researcher education. *OCLC Systems & Services: International digital library perspectives*, 20(2), 61-64.

doi:10.1108/10650750410539059

朱茂欣（2016）。試論以歷史思維能力為導向的課程設計：以Reading Like a Historian 教材和 AP 美國歷史課程為討論對象。**臺灣教育評論月刊**，5(6)，170-176。

朱煜（2003）。臺灣中學新歷史教科書的編寫及其理念試析──以龍騰本為例。**歷史學刊**，180，66-71。doi: 10.6796/HM.200301.0066

朱耀光（2003）。生命影響生命。在楊秀珠（主編），**老師談教學：歷史教學篇**（頁 17-27）。香港：中華書局。

何成剛（主編）（2008）。**歷史課堂教學技能訓練**。上海市：華東師範大學。

何成剛（主編）（2012）。**史料教學案例設計解析**。北京市：北京師範大學。

宋佩芬（2003）。培養「帶得走的能力」：再思統整與學科知識。**教育研究月刊**，115，123-136。

李健輝（2020）。主題性探究式教案的設計與嘗試：以〈日治時期義務教育的實施〉為例。**清華歷史教學**，27，5-33。

李稚勇（2012）。中英美中學歷史課史料教學比較研究。**上海師範大學學報**（哲學社會科學版），41(2)，125-136。

沈亞梵（1996）。視聽教學媒體與視聽教育。在黃政傑（主編），**教學媒體與教學資源**（頁 67-79）。臺北市：師大書苑。

林巧敏（2012）。**檔案應用服務**。臺北市：文華圖書館管理資訊。

林巧敏（2013）。歷史學者檔案資訊需求與使用行為之研究。**圖書資訊學刊**，11(2)，77-116。doi:10.6182/jlis.2013.11(2).077

林珊如（2004）。臺灣地區國小鄉土教育教師資訊需求與搜尋行為之探討：質的訪談。**圖書館學與資訊科學**，30(2)，116-133。

林慈淑（2016）。證據概念——從中學歷史課綱到教學問題探析。**臺大歷史學報**，58，249-286。doi:10.6253/ntuhistory.2016.58.06

邱玉鳳（2015）。當檔案與歷史相遇：ART 網站簡介。**檔案樂活情報**，100。檢自 https://www.archives.gov.tw/ALohas/ALohasColumn.aspx?c=138

施曉雯（2009）。史料證據在高中歷史教學中的應用——以「當代臺灣與世界：經濟的成長與挑戰」單元教材教法為

例（未出版之碩士論文）。國立臺灣師範大學歷史學系在職進修碩士班，臺北市。

香港歷史檔案館（2001）。**教科書以外：歷史檔案在課室的應用**。香港：香港歷史檔案館。

高君琳（2007）。**臺灣地區檔案素養評估指標之研究**（未出版之碩士論文）。國立政治大學圖書資訊與檔案學研究所，臺北市。

國家教育研究院（2018）。**十二年國民基本教育課程綱要：國民中小學暨普通型高級中等學校——社會領域**。檢自 https://bit.ly/3c7eriI

張凱迪（2004）。**檔案在高中臺灣史教學運用之研究**（未出版之碩士論文）。國立政治大學圖書資訊與檔案學研究所，臺北市。

陳在眉（2017）。**大學檔案素養通識課程規劃之研究**（未出版之碩士論文）。國立政治大學圖書資訊與檔案學研究所，臺北市。

陳冠華（1999）。歷史教學中的史料運用。**清華歷史教學**，9，64-80。

陳盈安（2007）。**史料教學在國中社會領域的課程運作與考察**（未出版之碩士論文）。國立花蓮教育大學鄉土文化研究所，花蓮市。

程建教（1991）。**國小社會科教學探究**。臺北市：五南。

詹宗祐（2009）。影像資料在歷史教學的運用與實務——以中國

史為例。**歷史教育**，14，265-293。doi: 10.6608/THE.2009.014.265

歷史教師深根聯盟（2020）。臉書首頁。檢自 https://www.facebook.com/ourstoryteacher/

蕭道中（2018）。國家檔案融入教學資源：以國家發展委員會檔案管理局「檔案支援教學網為例」。**檔案半年刊**，17(2)，22-35。

# 第四章　探究式教學融入歷史課程教學實例

林巧敏[5]

張儷馨[6]

　　本文旨在探討教師將檔案融入歷史課程的教學設計，並瞭解學生對於「檔案融入歷史教學」並加入「探究式教學」後，對於學生學習動機與成效的改變。本文研究進行為期六週的教學實驗觀察，採用動機量表、平時測驗以及學習單，分析國中體育班學生接受不同教學法後對於學習動機與學習成效的影響，並輔以學生訪談調查，瞭解學生對於教學過程意見。研究結果顯示，學生學習動機以「檔案融入加探究式教學」最高，「傳統講述教學」最低。雖然檔案融入或是加上探究式教學的學習成效無法立即反映在平時測驗的成績上，但學生學習單的答題思考層次有明顯的進步。

---

[5]　國立政治大學圖書資訊與檔案學研究所教授

[6]　新北市明志國中歷史科教師

## 壹、前言

　　臺灣 2019 年實施的《十二年國民基本教育課程綱要：國民中小學暨普通型高級中等學校－社會領域》，對於社會領域的課程目標為「提升獨立思考、價值判斷、理性決定與創新應變的素養」、「發展跨學科的分析、思辨、統整、評估與批判的能力」（國家教育研究院，2018），意味著在學校教育階段，養成思考、分析、比較、論證、評價歷史能力的重要性，唯有培養學生具備資料探索與思辨分析能力，才能涵養具備獨立判斷、重視證據、講究真理的歷史意識。

　　新課綱對於社會科的核心能力要求，已明確揭示歷史課程必須培養因果、時序、史料證據觀念之重要性，許多歷史教學的論壇也不乏討論此類議題（歷史教師深根聯盟，2020）。但教學現場教師多數仍慣於依照教科書內容進行教學，加上升學體制對於學生學習成效的要求，導致希望改變現行以教科書為主的教學方式，仍有實施的困難（林巧敏，2021；林慈淑，2016）。但《十二年國民基本教育課程綱要》（簡稱十二年國教）的實施，對於過往僵化的現行教學體制帶來調整的契機，在中學實施多元選修的方式，提供了跨領域或特色課程選修的發展空間，讓中學教師可緩解以升學為教學唯一目標的壓力，進而可發展多元的教學方式，讓教學和學習有更多的互動討論空間。

　　而探究式教學法（Inquiry-based Instructional Strategy）是一

種科學的思考方法，在學習的情境中，由教師引導學生發現問題，認清問題所在，提出可能的假設，擬訂可行的方案，選擇最適合的方案，驗證假設並獲致結論，探究式教學法是歷程取向的教學方法，它經由發現而學習（張清濱，2018），能讓學習過程更聚焦於核心問題，讓學生學會判斷與思考，進而建構史觀，可培養學生探究歷史的能力。

「檔案」作為見證時代變遷的珍貴資料，內容涵蓋了政治、經濟、社會、教育等各方面的發展歷程，是重要的歷史記憶與一手史料。將檔案資料融入課程教學活動，可以訓練學生使用檔案的基本能力和檔案素養，並豐富課程內容（吳虹靜，2018）。檔案既是鮮活的歷史素材，也是提供具體佐證對照教學內容的材料，可引導學生思考歷史資料如何產生、史實如何被建構。而「檔案」內容也能讓學生檢視歷史當下的時代背景，拉近歷史時空的距離。因此，本文研究採用教學實驗方式，將檔案資料融入歷史教學，並加入探究式教學法，進行為期六週的課程設計，分為三個教學階段：「傳統課文講述教學」、「檔案融入歷史教學」、「檔案融入加探究式教學」，以兩週為一個教學階段，循序漸進地進行課程教學方式的改變，並於不同教學法完成學習後進行學習動機量表評估，瞭解學童的學習動機，同時以平時測驗及學習單瞭解學習成效，以探究三種教學方式對於學生學習動機與學習成效的影響。本文研究問題在於探討：
一、國中歷史課程加入檔案素材及探究式教學法，相較於傳統

教科書教學方式，對於學生學習歷史的動機能否提升？
二、國中歷史課程加入檔案素材及探究式教學法，相較於傳統教科書教學方式，對於學生學習歷史的理解成效能否提升？
三、學生對於歷史課程實施「檔案融入歷史教學」、「檔案融入加探究式教學」之新教學法感受？

## 貳、文獻探討

### 一、檔案融入歷史教學課程設計及實務

檔案與歷史教育有密不可分的關係，其核心在於「如何將檔案資料化作歷史證據的正確運用」。歷史課程運用檔案資料，可讓學生學習歷史，不僅是記誦事實，更重要的是在學習評價證據，分辨「事實」與「說法」的差異，亦即通過理性的思維和以證據為基礎的想像，學習理解以往的社會和歷史的發展。學生在教師的指導下接觸這些一手或二手的材料，彼此討論、解答問題、判別史料並嘗試重建歷史（李稚勇，2012；Morris, Mykytiuk, & Weiner, 2014）。

學校課堂是學生學習的重要場域，教師如果能運用適切的檔案資料、將關聯歷史證據導入課堂教學，能幫助學生進行有意義且生動的學習，可教導學生從檔案資料培養史料分析與論證能力。檔案資料運用於歷史教學課程，不僅能直接佐證歷史事件，彌補歷史教科書之不足，更能藉由檔案延伸活化教學內

容。若以檔案典藏機構的立場，將檔案資料與學校教育結合，亦能落實檔案意識向下紮根，能提升社會大眾對於檔案的認識（林巧敏，2012）。檔案融入教學除了有助於活化教學，亦能同時落實全民檔案意識向下紮根的效益（Weiner, Morris, & Mykytiuk, 2015）。

尤其在中學階段的學生，因已具備基本歷史知識與道德觀念，歷史證據教學可賦予這些歷史更多的生命和臨場感，讓學生瞭解歷史課所講述的是真實發生過的人與事，可喚起學生學習的動機，並進一步培養資料的運用能力（McAleavy, 1998）。在歷史教學課堂中，教科書是重要的教學輔助工具，然而，若僅依賴課文與教師口頭傳遞知識，很難達成訓練學生思考與運用資料的能力。因此，在十二年國民基本教育的素養教學理念中，檔案資料適可運用於歷史教學，經由檔案原件的呈現，可佐證歷史事件，除了可彌補歷史教科書之不足，亦可活化教學（陳永斌，2021；黃春木，2020）。

將檔案素材融入課程設計的教學先驅，可參考英國於 2007 年頒布的國定歷史課程學習方案中，指明「運用史料證據」（using evidence）是歷史學習的關鍵項目，學生應該能夠辨識、選擇與運用一系列的史料，包含文本、視覺、口述的原始資料，尤其學生必須學習評價所採用的檔案資料，以獲得合理的結論（Department for Education, 2013）。若要讓學生學會如何蒐集、辨別檔案資料，首先必須讓學生瞭解歷史材料本身的意涵，以及這些資料在歷史研究中所能提供的效益（施曉雯，

2009）。因此，檔案素材本身與其搭配之教學單元必須經過詮釋及設計，方能傳遞相關資訊並具有吸引力，否則僅單純提供文本原件會顯得沉悶且難以閱讀。

如何讓歷史事實在學生的記憶中存留下來，必須讓歷史事實呈現在有意義且適當的情境中，經由教師引導、激發學生探究的興趣，對於多數學生而言，從歷史材料查檢閱讀並推理一段史實關係，遠比記憶背誦諸多與切身無關的歷史知識，讓人感到有趣（Wineburg, Martin, & Monte-Sano, 2012）。而這個過程必須要針對教材內容、教學目的或是學生心中的疑惑，提出探索性問題，在教學過程中透過討論逐一解答迷霧，教學內容除教科書外，往往會延伸超出課文內容的框架，但卻可塑造打破學習界限，將有關的知識聯繫成整體的教學目標（何成剛，2012；張靜，2002；程建教，1991）。

將檔案融入歷史教學，很重要的一個部分是教師如何尋取適當材料，並設計教材引導學生進行學習。Johnson（2010）以教師的經驗，提供如何找尋政府紀錄與檔案資料的建議，其搜尋之檔案資源網站，包括美國國家檔案館主題檔案、照片與書信網站、歷史論壇等，因此，培養歷史教師具備蒐集、組織和判斷適用於主題教學相關檔案是重要的基礎。美國史丹佛大學的教師培養學程（Stanford Teacher Education Program，簡稱STEP）曾為歷史教師設計一門課，培養教師能教學生「像史家一般閱讀」的能力。教師必須用一個歷史問題展開課程，而學生藉由接觸到的檔案與史料，以辯論方式面對不容易理解的歷

史問題，學生在檢視評估這些與歷史事件相關的種種一手資料後，當學生再度回到教科書的敘事，會以新眼光看待並理解這個敘事。在此過程中，學生會學習到「以證據為基礎的思考與論證」、「能質疑史料」，並能「綜合多重觀點和中肯敘事」，讓歷史課程製造大量機會且能進行歷史批判思考，學生的學習不致於被歷史紀錄淹沒（Wineburg et al., 2012）。

Ruff 與 Nelson（1997）曾針對中學階段的歷史科課程內容進行探討，認為教師可以將政府文件、書信、日記、目擊者敘述、演說、秘聞、語錄、史地文學、民歌、傳說、小說、傳記或民間詩詞等材料，運用到課堂教學活動，運用檔案教學能讓教學內容與情境更為活潑。建議歷史教學注重教學活動設計，並提供相關閱讀資料（包含一手及二手史料）和課後思考問題，使教師能夠隨時依需要援引於歷史課堂教學活動或是製作學習單。

施曉雯（2009）認為在教學現場單純以文字資料較難以引起學生共鳴，若能加入照片、影音等檔案，並輔以口述歷史訪談作為課後作業，應能訓練學生思考問題、提出問題與思索解決的能力，也能使課程內容更加生動。尤其數位資訊時代，教師們利用網路或是多元素材提供課程延伸學習，已是現今教育現場常見的課程進行方式。對於歷史教學而言，許多檔案資料與歷史圖像皆已數位化，成為教師教學的重要補充素材。這些教育上的革新，縮短了教師與學生溝通的時間，也擴大了學習範圍（沈亞梵，1996）。在圖像化世代中若能有效運用圖片及

影像資料，對於教學無疑會有相當大的幫助，而影像資料又比圖片資料更具有優勢，尤其是進行史事復原或是虛擬重建時，教師可善用影像資料讓教學內容變得生動有趣（詹宗祐，2009）。

但檔案典藏機構所從事的多為主題檔案整理以及利用指導的工作，對於如何將檔案資料融入教學課程的設計，缺乏對於教學需求的瞭解以及教學過程的認知（Carini, 2009）。不少學者倡議檔案人員進行檔案利用指導不能僅是停留在主題資源整理和講授館藏資源利用的工作，而是更積極地扮演教育者角色。然而，因檔案館人員專長檔案整理與館藏諮詢服務，對於如何將館藏資料轉化為教學使用，缺乏教育專業能力；因此，檔案館應與學校教師合作，將主題檔案融入各教學單元。檔案人員瞭解檔案館藏，教師熟知教案編製與教學法，兩者協力合作發展課程，學生才會是最大受益者（Bahde, 2013；Carini, 2009；Krause, 2010；Robyns, 2001；Yakel, 2004）。

因應108課綱改革潮流，我國檔案管理局與歷史教師聯盟合作，除了配合課綱推出國家檔案教學資源並設計教案，並戮力推動檔案融入課程之講座與研究。李健輝（2020）以「日治時期義務教育的實施」教案研發經驗為例，利用「主題探究」的教學方式，透過問題引導及資料閱讀，提升學生文本判讀與論述的證據能力，也藉此深化學生對於歷史課程主題的理解。利用史料進行教學的方式，對於現場教師並不陌生。教師可提供學生閱讀資料，提出問題，引導學生利用資料，發展歷史能

力，是近年歷史教學的重要趨勢（陳冠華，1999）。過去歷史教師慣用的是文獻史料，而檔案是比二次資料更具有真實性和權威性的素材，若於教學單元中設計問題，引導學生提問並找尋檔案資料，能突破學生固守既定文本內容的迷思，且能滿足自我探索的成就感。

國外已有將檔案融入歷史課程的教學案例和檢討，Maddrell（2007）於中學歷史課程使用檔案與歷史文獻，教師設計以戲劇表演方式，讓學生在戲劇表演過程探討性別角色問題，教師列出學生需要呈現的內容重點，並提供相關檔案與史料由學生主導演出的內容。表演後由教師列出問題思考方向，讓所有參與課程學生完成學習單，可發現學生經由戲劇表演的過程，對於歷史人物性格、性別與權力、地理關係都有更深刻的想法；學生認為這樣教學的優點包括：可以聽到不同的價值觀點、增加課程參與、課程變得有趣、啟發更多想法等；缺點則是教師需要付出更多備課時間、授課時數更久。

Ruffin 與 Capell（2009）以圖像檔案為例，說明將檔案一手資料運用於基礎教育的經驗，教師先設計討論問題，讓學生分析檔案資料的來源、產生背景、內容涉及的人物與時間，並假設類似情境的作業，請學生推論可能的發展過程與結果，透過這些圖像檔案內容的討論，學生對於歷史場景能有更深刻的感受，也能從檔案內容投射到對於現今生活相關的理解，甚至對於圖像人物的食、衣、住、行，都成為學生感興趣而能主動延伸討論的題目，能開啟學生自主探究與學習的興趣。

Robb（2009）以美國 1896 年的選舉為例，將檔案資料編寫納入教案，教學設計是藉由閱讀和討論 1896 年當時候選人競選的海報和文宣檔案，瞭解候選人特質和政策訴求，要求學生綜合學習結果為自己設計競選文宣，完成學習單，並以簡單問卷瞭解學生的學習感受。Dobbs（2011）的教學經驗是將地圖檔案作為歷史時空佐證的教材，由於地圖檔案有視覺呈現的優點，可加深學習印象，並藉由設計討論議題，讓學生檢索並利用檔案製作海報，展現他們由檔案學到的空間位置，這樣的實作過程可增加學生對於課堂參與的興趣。Holmes（2015）進行地方文史教學運用檔案館之往昔街道圖與人口戶籍檔案，探索 1900 年當地生活與市鎮樣貌，學生需要運用檔案資料，分組討論類似當時人口與從事的行業、某街區過去和現在的差異等問題，教師從檔案內容提取討論的問題，學生藉由查檢運用檔案資料，感受歷史時空的差異，對於地方文史學習有更深刻的理解。

　　綜合前述觀點，將檔案資料融入歷史課程教學規劃的重點，包括：

（一）需要有大量蒐集資料過程，廣博納入不同觀點與多元形式之檔案素材。

（二）從眾多檔案資料判別相關與可運用程度，找出最適合運用於學習內容設計的檔案。

（三）圖像與影像資料比紙本資料容易運用於課堂，但必須慎選內容並符合教學目標。

（四）儘量運用不同類型的檔案，並設計學生實際參與或體驗

操作的機會。
(五) 指導學生評價史料，利用活動設計激發學習論證與思辨能力。
(六) 提供延伸閱讀素材與課後問題思考，培養學生自主學習的態度。

由於過往對於將檔案運用於歷史教學的研究，多數探討檔案如何改變歷史教學課堂的困境，以及教師利用檔案資料進行教學的個別經驗，卻比較缺乏教學成效的探討。因此，本文研究希望能比較不同教學方式，瞭解檔案融入教學以及加入探究式教學設計後，對於學生學習動機與學習成效的影響。

## 二、探究式教學理念及其教學應用

探究式教學法並非創新的教學方式，是強調以學生為主體，給予學生充分發表、討論與操作的機會，發展至今已有多種教學模式，並沒有絕對的步驟（張清濱，2000）。探究式教學的目的在於引導學生發現及解決問題，是以學生的探究活動為中心，從開放的學習情境中，由教師引導學生發現問題、分析問題，並擬定可行的解決方案，讓學生實施參與驗證，並從中學得解決問題的技能（張清濱，2018；張靜儀，1995）。

探究式教學是由教師提供問題的情境，鼓勵學生發掘解答問題的過程，是一種問題導向的教學設計，讓學生探索並完成他們想做的事（Klahr & Simon, 1999）。Regan 與 Shepherd

（1977）認為，探究（inquiry）就是探索（exploration）、發明（invention）和發現（discovery）的歷程。這些歷程呈現學生的學習情形，教師則負責刺激學生探究與發現。Van Cleaf（1991）提出的探究訓練模式（inquiry training model）解釋探究式教學包含下列五個步驟：

（一）確認問題所在；

（二）提出假設；

（三）演繹推理；

（四）蒐集及分析資料；

（五）驗證與推翻假設。

　　Bruner（2004）提出探究式教學的五步驟循環模式，包括：發問（ask）、探討（investigate）、創造（create）、討論（discuss）以及反省（reflect）。可知不同學者對於探究式教學過程的設計，雖有實踐步驟的差異，但皆是對於學生在學習過程中，訓練提出問題、思考問題、假設討論、蒐集資料、分析及論證，藉此達到培養解決問題的能力。誠如張清濱（2000）在《探究教學法》提出「探究」著重引導學生發現與解決問題，強調以學生為主體，給予學生充分發表、討論與操作的機會，使學生能夠發現問題、理解問題、解決問題，並經由探索的過程，讓學生從中習得學科解決問題的技能、方法與態度。

　　實施探究式教學可因應各科教學目標，加入不同探究方法的設計，教師在教學的過程中，首要營造舒適的環境，再經由各式提問引導學生思考問題，並鼓勵學生深入思考，以激起學

生內在的興趣，獲得知識（張清濱，2000）。國內進行社會科探究式教學之實例研究，有彭奎翰（2019）實施《探究式教案研究與研發：以劉邦和親外交為課題》，以劉邦對匈奴的和親外交為課題，開發探究式教案，其文獻探討引述宋家復譯（2016）《像史家一般閱讀》（*Reading like a historian: Teaching literacy in middle and high school history classrooms*）一書的解釋：「探究（inquiry）是個常令人混淆不清的詞彙，探究雖可運用於不同學科之中，但教學差異卻鮮少被釐清，歷史學科的探究不同於自然科學，無法透過一回又一回的實驗尋求結果，也不像數學思維的探究能超乎時空，不論身處何時、何地，同樣科學命題的證明都成立」。正因為歷史學科的探究受到情境脈絡、地點、觀點或時代精神的影響，對於歷史論證和思辨結果可能不盡相同。彭奎翰（2019）對於探究式教學的觀察，認為教師往往提供過多的歷史資料給學生，然而問題設計若與資料無法環環相扣，將無法達到高層次的思考。探究的問題若因教師提供的資訊不夠，學生無法「依據」資料回答，只能由教師歸納統整結果。理想的教案最好以一個「關鍵問題」為核心，搭配學生的歷史思維訓練，形成根據資料提問，讓討論能與問題搭配的課程。

　　針對如何設計符合素養導向的歷史課程，陳惠芬、吳翎君、陳豐祥、莊德仁、吳政哲（2021）提出 12 項課程設計任務，包括：選定範圍、分析學生現況、提取概念、建立通則、腦力激盪、選定課程主題、研擬核心問題、建構課程目標、確

認核心素養、腦力激盪、統整教學單元、提出表現任務、設計評量規準等。此外，詹美華與宋家復（2018）於《歷史閱讀素養教學設計之理念與實例》中亦參考美國中學歷史課程的教案設計進行重點歸納，建議歷史教學應該是：（1）以核心問題引導探索方向；（2）運用史料文獻進行歷史思考；（3）活用教科書案例；（4）設計工具及學習單引導探究思考；（5）兼顧不同學生能力以及授課時間需求的方案；（6）提供教學資源的建議。

　　根據薛理桂（2004）分析英國、美國、香港、臺灣對於檔案應用於歷史教學的敘述，是將檔案視為教學輔助工具，教學設計過程有以教師居於主導地位，或是以學生居於主導地位。前者是教師引用相關檔案資料強化歷史教學，而不以教科書為單一素材；後者則是教師在指定作業或專題計畫時，讓學生進行作業寫作或資料蒐集時，可以自行選擇要採用哪些相關的檔案。而無論哪個面向皆可發現，檔案與歷史教學是密不可分的，讓學校歷史教師瞭解檔案的檢索與應用，才是解決檔案使用低落的根本之計。

　　因此，本文研究試圖由教師引用檔案資料豐富歷史教學，突破教科書教材的局限，引導學生探究思考的能力。本文研究所採用的探究式教學設計，將參酌前述文獻提示之教學設計原則，提供學生檔案資料並設計討論問題，引導學生進行歷史課題探究思考。針對學習主題採用核心問題的引導、提供檔案史料的歷史脈絡、活用教科書案例、搭配學習單引導探究思考。

教學過程運用與學習主題相關之檔案史料啟發學生參與討論的興趣，透過提問式教學引導學生聚焦於核心概念，並導入分組討論合作模式，促進學生對於歷史問題的思考與探究。

## 參、研究設計與實施

本文研究使用準實驗研究，採單組前後測實驗設計，先確立實驗對象、選擇實驗環境、進行前測、引入自變項給予實驗刺激、再進行後測。自變項為實施「傳統課文講述教學」、「檔案融入歷史教學」、「檔案融入加探究式教學」（簡稱加入探究式教學）三種教學法，探討不同教學法對於學生學習歷史科的動機及學習成效之影響，研究架構圖及研究設計分述如下：

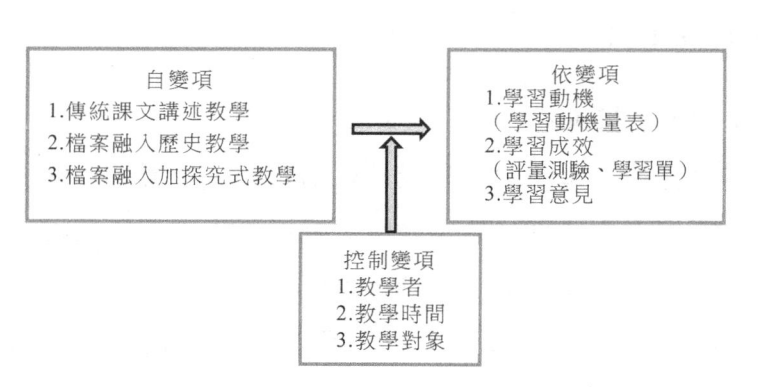

```
┌─────────────────────┐           ┌─────────────────────┐
│ 自變項              │           │ 依變項              │
│ 1.傳統課文講述教學  │  ────▶    │ 1.學習動機          │
│ 2.檔案融入歷史教學  │           │   （學習動機量表）  │
│ 3.檔案融入加探究式  │           │ 2.學習成效          │
│   教學              │           │   （評量測驗、學習單）│
└─────────────────────┘           │ 3.學習意見          │
              ▲                   └─────────────────────┘
              │
        ┌─────────────┐
        │ 控制變項    │
        │ 1.教學者    │
        │ 2.教學時間  │
        │ 3.教學對象  │
        └─────────────┘
```

圖 4-1　本文研究架構圖

## 一、研究對象

　　本文研究以新北市某國中八年級體育班學生為教學對象，因考量八年級已有國中歷史課程一年的學習基礎，且相對於九年級較無升學壓力，為實施教學實驗較為理想的年級，以體育班進行實驗教學係考量該班學生對於課文講授方式的學習成效不彰，教師希望採用不同的教學法，以尋求更適合學生的教學方式，雖然體育班學生人數較少，共 11 名學生，但教學過程反而能讓教師與學生充分互動，有利於教學實驗觀察。基於研究倫理考量，研究實施前皆取得家長同意書，說明課程進行方式以及所有評量結果僅供學術研究用，也不會列為學生任何的學科成績。

## 二、研究工具

### （一）學習動機量表

　　本文採用之學習動機量表是以劉政宏、黃博聖、蘇嘉鈴、陳學志與吳有城（2010）編修用於臺灣國小六年級至國三學生使用的學習動機量表，在信度方面，受測者的量表分析 Cronbach's α 係數都在 0.88 以上，顯示有極佳的信度。在效度方面，以學生自評、教師評定學習行為及學業成績做為效標，發現全體受測者在三個效標和所有分量表或次成分求得的相關係數都達到顯著水準，數值在 .43、.25、.19 以上，顯示不論是以主觀的自評學習行為，或以較客觀的教師評定學習行為和成績

為效標，皆顯示出學習動機量表有理想效標關聯效度，能有效反映或預測其學習行為。本文研究參考劉政宏（2009）提出對於學習行為最有「直接」影響力的動機成分，分為「情感」及「執行意志」兩個向度，於題目文字加上「傳統課文講述教學」、「檔案融入歷史教學」、「檔案融入加探究式教學」相應的文字陳述，題目含 7 題正向題，7 題反向題，共 14 題，正向題分數越高表示學習動機越高，而反向題的設計是為了測驗學生是否認真回答量表題目。

## （二）評量測驗

本文研究於教學後實施學習評量測驗，根據教學單元內容設計評量題目，檢測學生學習成效的變化，採用之測驗卷為課程平時考試，題目採選擇題便於計分，每份題目維持難易度分配，包含簡單（40%）、普通（40%）、困難（20%）予以命題，滿分為 100 分，於課程實施後進行評量測驗。

## （三）單元學習單

每堂課於教學後發放單元學習單以輔助瞭解學習成效，學習單採問答題設計，評分依據回答是否扣合題意、敘述是否詳盡、回應內容之豐富度、思考之完整程度衡量，並參考 Bloom 學習認知歷程（陳豐祥，2009；Anderson & Krathwohl, 2001），分為記憶、理解、分析、評鑑四個層次評估，學習單評量學習層次之判斷標準如下（表 4-1）：

表 4-1　學習單評量學習成效判斷標準

| 學習層次 | 評量判斷 | 評量標準說明 |
|---|---|---|
| 層次 1 | 記憶 | 回答內容僅呈現單一知識，且回答簡要。 |
| 層次 2 | 理解 | 能描述或解釋課本知識的過程，並表達感受（例如：解釋及舉例）。 |
| 層次 3 | 分析 | 能呈現不同的觀點，並延伸解釋（例如：辨別、組織、歸納）。 |
| 層次 4 | 評鑑 | 能評論及判斷整個知識概念的架構及脈絡。 |

　　學生如果僅憑記憶回覆學習單題目屬於層次 1 的記憶，能加上理解則為層次 2，如果能提出觀點和解釋評為層次 3，能評論則屬層次 4，學生答題層次越高，代表學習成效越理想，學習單評量由兩位老師分別評等取其平均。

## 三、實施過程

　　本文研究於 109 學年彈性課程時段，進行六週教學實驗，選擇教學主題為「西力衝擊下的晚清變革」，原因在於近代史可使用之檔案資料較為豐富，加上近代史的主題更適合發展探究式教學設計，近代中國受到西力衝擊的歷史背景，能讓學生根據現今國際情勢的觀察，提出見解和討論，是訓練學生探究思考的合適主題。本教學實驗採用探究式教學時，依照學生學習能力進行 S 型常態能力分組，採異質性分組，可讓學生討論過程呈現多元意見，產生學習互補的效益。

教學第 1-2 週以「傳統課文講述教學」，採用課文教科書講解，並搭配課程學習單進行教學，課程不分組，教師輔以板書幫助學生連結歷史知識與課程主題概念。教學第 3-4 週以「檔案融入歷史教學」，除課本外提供與課程主題相關之檔案（文書、照片、書信等）加上提問設計，編寫成為教學學習單（附錄一），檔案融入教學設計提供之教材是以史事佐證的角度融入課程，運用檔案連結歷史知識，補充課文並延伸學習概念。教學第 5-6 週為「檔案融入加探究式教學」，將檔案融入課程並採用探究式教學，教師根據課文主題，帶引學習活動，設計議題討論由學生進行檔案內容探究以及分組討論，教師採用提問式學習單，與前一階段的差異是讓學生透過問題與檔案資料的論證，練習提出自己的觀點。

## 肆、研究結果分析

### 一、不同教學法之學習動機分析

在各教學法實施完成後，學生填答學習動機量表，量表包含「情感」以及「執行意志」兩個題組。「情感向度」共 6 題評估學生對於不同教學法的正、負向情感，「執行意志向度」共 8 題測試學生對於課程是否有「驅動想法」、「堅持到底」以及「求善求美」的意念。統計三種教學法學習動機量表不同向度平均數，在「情感向度」方面，「檔案融入歷史教學」及「檔

案融入加探究式教學」的平均數最高，達到 4.15 分，標準差分別為 0.6 及 0.65，顯示學生對於「檔案融入歷史教學」認知為正向情感者比「檔案融入加探究式教學」課程的差異小。「傳統課文講述教學」的平均數為 3.24 分，標準差為 1.17，顯示學生對於該課程的正向情感較低，且學生之間的感受差異大。

　　觀察「執行意志向度」方面，「檔案融入加探究式教學」的平均數最高，達 4.08 分，標準差為 0.71，代表學生認為此教學法能驅動學習、願意繼續堅持學習。次之為「檔案融入歷史教學」的平均數為 4.05 分，而「傳統課文講述教學」的平均數為 3.4，標準差 1.03，是三種教學法執行意志較低者，且標準差較大，代表學生對此教學法的感受落差較大（表 4-2）。

表 4-2　三種教學法學習動機量表分數統計表

| 教學法 | 學習動機量表 | 平均數 | 標準差 |
| --- | --- | --- | --- |
| 傳統課文講述教學 | 情感向度 | 3.24 | 1.17 |
|  | 執行意志向度 | 3.40 | 1.03 |
|  | 整體分數 | 3.33 | 1.09 |
| 檔案融入歷史教學 | 情感向度 | 4.15 | 0.60 |
|  | 執行意志向度 | 4.05 | 0.73 |
|  | 整體分數 | 4.09 | 0.67 |
| 檔案融入加探究式教學 | 情感向度 | 4.15 | 0.65 |
|  | 執行意志向度 | 4.08 | 0.71 |
|  | 整體分數 | 4.11 | 0.69 |

整體而言,「檔案融入加探究式教學」課程的學習動機平均數最高,其次為「檔案融入歷史教學」,最低的是「傳統課文講述教學」(圖 4-2)。三種教學法的學習動機量表分析,無論是「情感向度」、「執行意志」、「整體測驗」的平均得分,學生在三種教學法學習動機量表分數皆屬「檔案融入加探究式教學」的課程高於「檔案融入歷史教學」的課程學習動機。「傳統課文講述教學」的學習動機無論是情感向度或是執行意志向度都是最低,且標準差也最大。

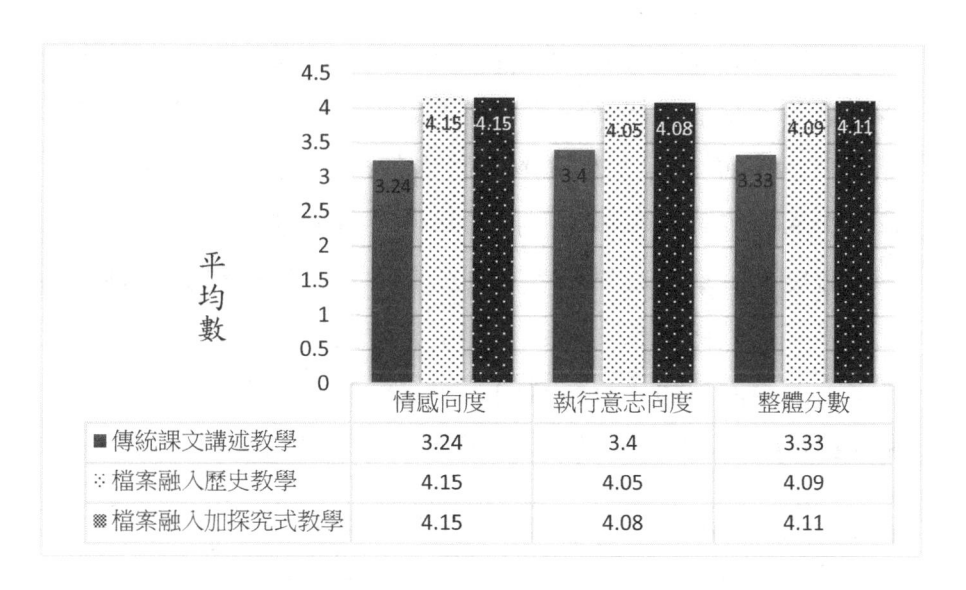

| 平均數 | 情感向度 | 執行意志向度 | 整體分數 |
|---|---|---|---|
| ■ 傳統課文講述教學 | 3.24 | 3.4 | 3.33 |
| ∷ 檔案融入歷史教學 | 4.15 | 4.05 | 4.09 |
| ▓ 檔案融入加探究式教學 | 4.15 | 4.08 | 4.11 |

圖 4-2　三種教學法學習動機向度平均數統計圖

## 二、不同教學法之學習成效分析

### （一）平時測驗評量表現

在不同教學法實施後進行學生平時測驗評量以及學習單評分，作為學習成效分析的依據。統計三種教學法實施後的平時測驗評量成績表現，可知平時測驗分數，是以「傳統課文講述教學」的 64.55 分最高，標準差 14.99。其次為「檔案融入歷史教學」的 63.46 分，標準差 21.01。最後是「檔案融入加探究式教學」的 60.91 分最低，標準差 15.64（表 4-3）。

平時測驗成績明顯反映出「傳統課文講述教學」的優勢，因教學方式偏重直接講授教科書內容，學生容易記憶也直接轉化為應考表現。而「檔案融入歷史教學」及加入「探究式教學」的課程較著重在學生對歷史事件情意的培養以及思考不同史料的史觀，學習成果不容易立即顯效在考試命題上，測驗成績並沒有比「傳統課文講述教學」分數高，而加入「探究式教學」的課程因採用「分組討論」，雖然觀察學生在課堂的參與和互動熱絡，但學習成果同樣也無法立即呈現在測驗分數上。

表 4-3　三種教學法平時測驗評量分數統計表

| 教學法 | 平均數 | 標準差 |
| --- | --- | --- |
| 傳統課文講述教學 | 64.55 | 14.99 |
| 檔案融入歷史教學 | 63.64 | 21.01 |
| 檔案融入加探究式教學 | 60.91 | 15.64 |

## （二）學習單評量表現

對於學生學習成效的評估也同時採計問答題形式之學習單，藉此評量學生的學習認知層次，前述研究工具已說明評分標準，分為記憶、理解、分析、評鑑四個層次，答題層次越高，代表學習認知層次越理想。統計三種教學法學習單的答題結果，發現「傳統課文講述教學」學習單的回答層次大部分落在記憶及理解；「檔案融入歷史教學」學生的回答層次大部分在理解及分析；「檔案融入加探究式教學」的回答層次則是以分析和評鑑較多（表4-4）。

表 4-4　三種教學法學習單學習認知層次分布統計表

| 教學法 | 層次1 記憶 | 層次2 理解 | 層次3 分析 | 層次4 評鑑 | 總題數 |
|---|---|---|---|---|---|
| 傳統課文講述教學 | 14（42.4%） | 13（39.4%） | 6（18.2%） | 0（0%） | 33（100%） |
| 檔案融入歷史教學 | 1（2.3%） | 28（63.6%） | 14（31.8%） | 1（2.3%） | 44 100% |
| 檔案融入加探究式教學 | 1（1.8%） | 4（7.3%） | 19（34.5%） | 31（56.4%） | 55 100% |

比較學生在三種教學法的學習單表現，在「傳統課文講述教學」較局限於「記憶」（42.4%）及「理解」（39.4%）層次且答題簡短；進到「檔案融入歷史教學」後，學生的回答狀

況大部分在於「理解」（63.6%）層次，也有不少的答題達到「分析」（31.8%）的層次；最後到「檔案融入加探究式教學」時，學生經過討論回應探究式問題，多數回答可達到「評鑑」（56.4%）層次，可知學生的思考及對於問題的探究程度，隨著課程的轉變而逐漸提高（圖 4-3）。

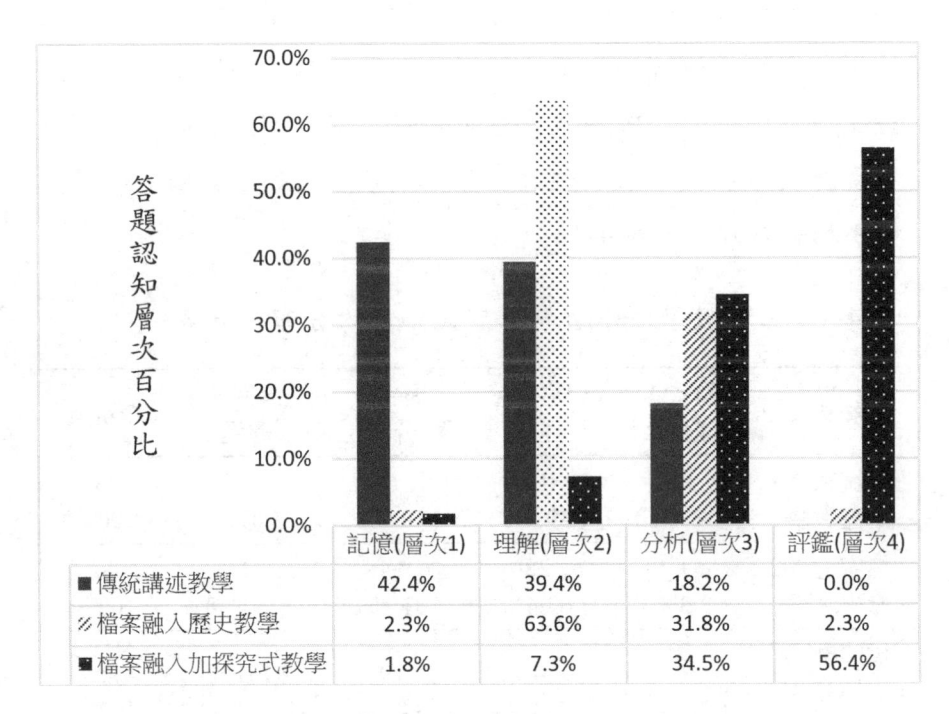

| 答題認知層次百分比 | 記憶(層次1) | 理解(層次2) | 分析(層次3) | 評鑑(層次4) |
| --- | --- | --- | --- | --- |
| ■ 傳統講述教學 | 42.4% | 39.4% | 18.2% | 0.0% |
| ▨ 檔案融入歷史教學 | 2.3% | 63.6% | 31.8% | 2.3% |
| ■ 檔案融入加探究式教學 | 1.8% | 7.3% | 34.5% | 56.4% |

圖 4-3　三種教學法學習單回答的認知層次分布圖

## 三、訪談學生意見分析

為瞭解學生接受本次歷史教學不同於以往「傳統課文講述教學」方式，針對新的「檔案融入歷史教學」以及「檔案融入

加探究式教學」的學習意見,本文研究以訪談方式蒐集學生對於新授課方式的看法,訪談引錄學生意見以(學生代碼:逐字稿起迄行數)表示,例如(A1:37-38)代表 A 組第 1 位學生的逐字稿 37 至 38 行。

## (一)學生對於新授課方式學習過程的感受

### 1. 對於「檔案融入歷史教學」過程的感受

訪談學生意見認為「檔案融入歷史教學」的教學方式,因為加入檔案史料讓歷史更為鮮明,有助於補充課文內容和學習理解。只是閱讀檔案過程需要自行判讀,不太確定需要注意的重點,但自行閱讀檔案對照課本的學習結果,反而可從中獲得成就感。分析意見如下:

#### (1) 檔案可補充課文內容能幫助理解

學生感受到檔案的加入能夠幫助自己印證課文的學習內容,也能更瞭解課本所提到的歷史事件。例如學生 A1:「檔案融入歷史教學讓我瞭解更多課本以外的內容,課本內容就不會這麼抽象和模糊。(A1:37-38)」學生 D2 提到:「檔案融入歷史教學經過看檔案和寫學習單,可以更真實瞭解這些歷史。(D2:66)」

#### (2) 獨立閱讀檔案缺乏答題的確定性

學生覺得「檔案融入歷史教學」採獨立閱讀檔案的教學安排,過程有些單調;而且自己回答學習單問題時,感覺不太確定是否正確。例如學生 A3:「覺得看檔案如果沒有人討論,很

單調也不知道對不對,覺得沒安全感。(A3:80)」學生 B1:「檔案融入歷史教學的學習單,我覺得自己寫就只是自己單一層面的想法。(B1:19)」

(3) 學會閱讀檔案內容覺得有成就感

學生發現剛開始閱讀檔案有一點困難,經過老師解說慢慢掌握閱讀和理解的方式,嘗試閱讀後也能自行體悟其中的重點,認為克服並讀懂檔案很有成就感,且有助於擴大學習範圍。例如學生 B2:「檔案融入歷史教學剛開始可能不知道重點在哪裡,但是看久了就懂主要的內容在寫什麼,對照老師講解的歷史課程,讓我有比較具體有概念,我覺得還不錯。(B2:20-22)」

2. 對於「檔案融入加探究式教學」過程的感受

訪談學生意見認為「檔案融入加探究式教學」的方式,在分組討論的過程可以獲取更多想法,只是如何統整意見完整回答學習單的問題需要更多思考,但是在討論過程往往有意見發表集中於特定學生的情況。分析意見如下:

(1) 分組討論可探究歷史問題並可傾聽多元意見

學生喜歡探究式教學採分組討論方式,在探究歷史問題的過程中,能夠瞭解其他同學對於歷史問題的不同看法,在傾聽過程可分享多元的意見,進而需要學習統整意見和思考判斷。例如學生 B1:「探究歷史問題的過程,可以和同學討論,除了自己的意見還可以聽聽別人的意見,然後把它融合在一起,分組討論可以想到更多不一樣的看法。(B1:20-21)」同學 B2

認為:「探究式教學可以瞭解不同的觀點,……討論日本明治維新時,可能組員會拿中國和日本這兩個西化改革做不同的觀點比較,比我原先瞭解的更多。(B2:23-25)」

(2) 學生在分組討論時參與的程度不同

在探究式教學分組討論的過程中,學生投入參與討論的程度不同,有些學生樂於協助同學,擔任指導者或是意見領袖,但也有學生參與度低會依賴同組的討論結果。例如學生 A2:「組員裡面有些人很好,有人不太懂的話就可以教他、可以幫助他瞭解。(A2:9-10)」至於學生 A1 則認為:「我這組就會只聽成績比較高的人的意見,感覺講的都對,也有人都不會加入自己的意見。……我不喜歡那些不參與討論的,最後卻分享討論的答案。(A1:39-47)」

(3) 探究式教學的分組設計能促進學習氣氛和人際關係

有些學生認為加入「探究式教學」結合分組,探究歷史問題的過程中,學習氛圍是好的,同組成員共榮共損,也會相互鼓勵學習,學生覺得除了促進歷史學習,還能增進人際關係。例如學生 B3 認同:「探究式教學結合分組的方式,比較有跟同學互動的感覺。(B3:11-12)」而且「大家一起討論問題,然後大家都會進入狀況,學習氣氛我覺得很棒!(C1:19-20)」

(二)新授課方式對於學生學習動機的影響

1.學生認為「檔案融入歷史教學」有助於學習動機的原因

學生認為「檔案融入歷史教學」能促進學習動機是因為檔案

資料讓學生更能融入歷史情境，比課本內容更有情節和故事性，提升學習興趣，藉由閱讀檔案可以延伸學習的知識廣度，這樣的學習過程更有挑戰，也能帶來學習成就感。分析意見如下：

(1) 檔案內容比課文更具有故事性

檔案資料的史證價值和真實性，比較容易讓學生進入歷史情境，理解當時的歷史過程，讓歷史課不只是在學習歷史知識，而能享受故事性的樂趣。學生 B2 提到：「（檔案）很有興趣啊，因為我本來就很喜歡學歷史，歷史本身就像是一種故事，檔案資料讓我更覺得像讀故事，……就說鴉片好了，看到這些檔案資料會更清楚鴉片的由來、鴉片的製造，還有產生的禍害。（B2：67-71）」學生 D1 認為：「課本講的比較不會那麼有趣，可是補充的檔案有一些故事，就讓人蠻感興趣，會想進一步瞭解。（D1：79-80）」

(2) 讓學習不只考試還能探究瞭解歷史背景

學生覺得檔案融入歷史教學，可以增加學習的層次，學習的目標不僅限於應對考試，還能跳脫課文歷史知識的表面，能更深入瞭解歷史背景，引起學習動機。例如 B1 提到：「一般歷史課就是直接看課文，然後課文有的時候沒有寫得很詳細，而且就只有寫出表面而已。雖然讀熟就會考試，但加入檔案佐證可以有更多資料，讓我瞭解以前的歷史背景還有因果關聯，就不是只有表面、只有考試而已，可以串連瞭解更多的歷史發展過程。（B1：99-104）」

### (3) 檔案補充的知識讓學生感受到學習的成就感

對於程度較好希望瞭解更多的學生,提到喜歡檔案融入課程是因為覺得自己在閱讀的過程中,能夠獲得更多的學習成就感,例如學生 A1:「我喜歡看檔案自我挑戰寫完學習單,我會更仔細的來回比對課本和檔案資料,完成學習單很有成就感。(A1:85)」學生 D1 也認為:「我比較喜歡檔案融入歷史教學,因為自己整理筆記和去找答案的時候反而學到更多!(D1:36)」

2. 認為「檔案融入加探究式教學」有助於學習動機的原因

學生認為「檔案融入加探究式教學」能促進學習動機的原因是探究式教學方式,讓學生有更多課程參與,透過分組討論讓同學之間彼此學習,進而促成原本學習表現比較不理想的同學,能參與學習活動。分析意見如下:

### (1) 分組討論可激發更積極的課程參與

原屬於歷史科學業成績較差的同學提到會更喜歡「檔案融入加探究式教學」的原因,是在分組互動討論的過程,讓他們感受到自己能參與並獲得肯定,提高他們學習的動機,覺得在跟同學討論的過程,能學到別人的思考方式,也能從同儕的觀點解決疑惑。例如 A3:「我喜歡探究討論,有人可以討論上課的重點,讓我弄清楚不懂的地方。(A3:91)」同學 B3 也是:「比較喜歡探究式教學是因為互動比較多,上課變活潑,比較會想上課。(B3:62)」

(2) 透過意見交流能夠分享不同的觀點

因為不是每位學生在閱讀檔案後就能進入探究歷史的層次，如果經過小組討論過程，可以補充自己未能思索的觀點，討論過程也能維持學習情緒，讓學生維持學習的專注力。例如 A2 認為：「小組討論會讓不知道的地方很快學會，我覺得小組成員對我有幫助。（A2：38）」又如 C2 也認同：「在不理解時，探究式教學可以透過組員的解釋及分享觀點，讓我進入狀況。（C2：78）」

（三）新授課方式對於學生學習成效的影響

1.「檔案融入歷史教學」對於學習成效的影響

檔案資料可以補充課文內容知識，讓原本的課文教材敘事更容易理解，檔案補充的內容，不只能讓學習概念更具體，也能延伸學習範圍。分析意見如下：

(1) 檔案可補充課本內容讓學習容易理解

各種檔案資料的多元呈現，可以補充課文簡短表述歷史事件的局限，提供學生更具體深刻的實例，有助於學習理解。例如 A1 表示：「檔案融入歷史教學對我幫助比較多，因為有時候看課本沒有完全看懂，加上學習單就會有一個舉例，然後就會讓你更瞭解這件事在講什麼。（A1：88-89）」

(2) 檔案可延伸學習概念讓歷史更鮮活具體

課堂補充的檔案資料讓原本在課本平鋪直敘的內容，變得有故事和情節，加入檔案可以補充課文不足之處，讓學習更深

刻。例如 D1 提到:「我就是在課文旁邊標示重點,或是補充的檔案一起寫上去,這樣讀起來就很有印象。(D1:88-89)」

2.「檔案融入加探究式教學」對於學習成效的影響

加入探究式教學因為有同儕相互刺激,帶來學習競爭和榮譽感,讓學生課堂表現積極而投入,產生更好的學習氣氛。而同學之間的討論也有助於釐清學習盲點,從而提升學習效果。分析意見如下:

(1) 同學課堂更願意發問和表達意見

探究式教學的課堂引導學生更願意發問,學生也覺得自己的學習狀態,在同儕分組探究問題的過程中,因為有更多參與,進而可激發上進心。例如 A3 認為:「探究式課堂中,我發現別人教我的東西我比較容易學習,不然我以前不懂時也沒想到要問,但現在可以在小組討論時獲得答案,不過也不好意思一直問,我就會更仔細聽老師和同學說的內容。(A3:95-96)」

(2) 對於課程有更深入的瞭解

經由探究式討論過程,學生能感受到比自己閱讀有更多的收穫,而且經由討論過程可獲得更多觀點,有助於對課程內容的理解。例如 C2 直言:「探究式教學後,我感覺自己知道比較多東西,能幫助學習成效。(C2:93)」而 B2 也認為:「因為團隊合作,每個人也可以把自己覺得對的事提出來,那答案就會比較多元、多樣化。(B2:29-30)」

## （四）對於新教學法的學習過程感到困難之處

### 1. 認為「檔案融入歷史教學」的學習困難

學生認為在「檔案融入歷史教學」的學習過程中，因為增加的檔案資料量不少，不僅需要時間閱讀，也有讀懂的壓力，如果是自己獨立閱讀又要完成學習單，不太確定答題的正確程度，加上課堂時間有限，希望能有更多時間閱讀並理解檔案內容。意見分述如下：

(1) 檔案資料的字數太多

學生表示在學習單延伸閱讀的檔案字數太多，比較有閱讀上的壓力，但是對於程度中上的同學而言，覺得多看幾次其實就能理解其中的主要概念，並且覺得能夠幫助學習。但是對於學習程度比較需要幫助的學生，會覺得獨自完成學習單比較辛苦。例如 A3 提到：「檔案融入歷史教學要獨立完成學習單的思考，檔案字又很多，沒有人討論覺得有困難。（A3：36）」學生 B2 認為：「一開始覺得檔案資料不好理解，因為字數多，讓人懶得看或跳著看，但是多看一、兩次，就能對於需要回答的題目有概念。（B2：59-60）」

(2) 獨自閱讀檔案有答題的不確定感

學習如何提問是學生需要克服的問題，尤其對於學習程度比較需要幫助的學生而言，會害怕自己被否定、或是缺乏自信，往往不在課堂提出問題。但檔案融入教學設計了需要有理解層次的學習單問題，學生無法僅憑翻閱課本就獲得答案，需要教師引導問題以及解說內容意義。例如 B3 提出：「有一些相

關的題目我不太懂，但是又不太敢問，寫學習單時不太確定自己的看法是否正確。（B3：47-48）」

(3) 課程經營時間不足無法完整思考

學生提到因為外加檔案需要閱讀的時間，但在課堂上思考的時間比較有限，無法完整回覆學習單問題。所以 C2 提到：「希望老師能將檔案融入歷史教學的學習單讓我們帶回去，多一點時間思考。（C2：63-64）」

2. 認為「檔案融入加探究式教學」的學習困難

學生認為在「檔案融入加探究式教學」的課程中，雖然分組討論能相互學習，但學生還是習慣最後能提供正確解答，而且討論過程也會岔題失焦，需要有人引導，加上「探究式教學」的學習單問題更具挑戰性，需要有更多時間才能完成作業。意見分述如下：

(1) 討論的意見缺乏正確解答

在討論的過程中，每個人都有自己的論點，教師也尊重各組發表提出的看法，但學生反而在原有教學體制內已習慣有正確的單一答案，對於如何瞭解別人觀點、統合意見，反而覺得困難。有小組會覺得沒有足夠的時間統整、理解別人的論點，好像是在各說各話，最後沒有得到「正解」覺得浪費時間。例如 D1 的感受：「對我來說『討論』是困難的，我覺得大家的答案很矛盾，好像是各說各的，如果有正確解答反而比較輕鬆。（D1：48-49）」C3 覺得：「碰到探究式教學的問題比較難，如果同組同學都不會，就覺得很懊惱。（C3：24）」

(2) 討論過程衍生的人際問題

通常在組內程度較佳的同學，會帶領其他同學討論，但異質性分組在同組內會有學習比較缺乏主動性的同學，討論過程就會有些無力感，也有同學會因為分組的對象平時並不熟悉，以致於無法自由發表意見。例如 C1 會覺得：「課程學習內容不覺得困難，但跟同學討論反而覺得有難度，因為有同學參與度不高，討論過程就無法熱絡，或者是說我自己也不確定應該如何好好討論。（C1：53-54）」

(3) 探究式問題設計考驗學生的思考

同學能感受到加入「探究式教學」後，學習單的問題變得更需要思考，問題本身不在標準、單一的答案，而是需要深入思考背景與發展，需要更多知識支援判斷和理解，但反而讓學生覺得這部分是比較困難的地方。學生 B1 認為：「我覺得探究式學習蠻困難的，因為老師問的問題找不到答案，然後你要延伸思考，你沒辦法直接從文章中找到答案，你還要自己想一下，才能回答問題，感覺題目的難度增加。（B1：85-87）」

## 伍、結論與建議

根據前述教學結果分析，歸納本文研究發現與綜合討論如下：
一、在歷史課程實施不同教學方式，學生學習動機以「檔案融入加探究式教學」最高，「傳統課文講述教學」最低，

「檔案融入歷史教學」以及加上探究式教學後讓課程變得活潑有趣。

　　分析研究實施不同教學法的學習動機量表，學生學習動機平均數最高者為「檔案融入加探究式教學」，無論是「情感向度」、「執行意志」、「整體測驗」的平均得分，在三種教學法的學習動機量表分數皆屬最高。而「傳統課文講述教學」的學習動機無論是情感向度或是執行意志向度都是最低，且標準差也最大。顯然學生能接受「檔案融入歷史教學」以及「檔案融入加探究式教學」的新教學方式，印證訪談意見也發現，除了 A1、D1、B2 在訪談中提及喜歡「檔案融入歷史教學」外，其他同學皆表示更喜歡「檔案融入加探究式教學」，主要是因為分組討論促進課堂教學活絡，讓上課氣氛更活潑，發表意見能增加學習信心，讓歷史課程變得更有趣。

二、學生平時測驗成績是「傳統課文講述教學」分數最高，其次為「檔案融入歷史教學」，「檔案融入加探究式教學」的成果難以立即反映在考試成績上。

　　平時測驗成績反映出「傳統課文講述教學」的優勢，因教學方式偏重直接講授教科書內容，學生容易記憶也直接轉化為應考表現。而「檔案融入歷史教學」及加入「探究式教學」的課程較著重在學生對於歷史事件情意的培養以及思考不同史料的史觀，學習成果不容易立即顯效在考試命題上，測驗成績並沒有比「傳統課文講述教學」分數

高，而加入「探究式教學」的課程則因採用「分組討論」，雖然課程觀察學生的課程參與度和互動性高，但學習成果同樣無法立即呈現在測驗分數上。

三、學生在學習單的表現，隨著課程進入「檔案融入歷史教學」及「探究式教學」能逐漸達到高階的「分析」與「評鑑」層次，學生對於問題的思考及探究程度，隨著課程的轉變而逐漸提升。

根據 Bloom 的認知歷程層次，分析三種教學法的學習單成績，在「傳統課文講述教學」學習單的回答內容多只是根據課本資訊，呈現簡短而單一的思考，答題多屬於「記憶」及「理解」層次；「檔案融入歷史教學」已有部分學生能針對檔案內容閱讀理解，提出對於歷史議題的見解，甚至延伸史料觀點，學生回答的層次提升至「理解」及「分析」；而「檔案融入加探究式教學」的學習單，學生經過討論對於歷史問題的思考廣度與深度都增加，經過討論有歸納總結的意見，能達到「評鑑」層次的回答表現，代表經過探究式討論的訓練，學生回覆問題的能力有更多的歸納、思考和判斷，這正是新課綱對於社會科培養學生思辨能力的期許。

四、「檔案融入歷史教學」的教學方式，加入檔案史料能補充課文內容，讓學習概念具體而有助於理解，但增加閱讀分量更需要課堂解說指導。

學生認為「檔案融入歷史教學」能促進學習動機是因

為檔案資料讓學生更能融入歷史情境，比課本內容更有情節和故事性，能提升學習興趣。藉由閱讀檔案可以延伸學習的知識廣度，能帶來學習成就感。檔案資料不只能補充課文內容，也能讓原本的課文教材敘事更容易理解。但是因為課程增加需要閱讀的檔案資料，學生不僅需要時間也有讀懂的壓力，尤其當閱讀困難時，希望教師能增加課堂的解說指導。

五、「檔案融入加探究式教學」有助於相互學習並提升思考的層次，但討論過程需要適時引導，並需要更多的時間經營探究式課程。

　　學生認為「檔案融入加探究式教學」能促進學習動機，是因為學生有更多的課程參與，經由分組討論彼此學習，不僅可分享不同的觀點，也促成原本學習態度低落的學生，因團體氛圍參與學習活動。「檔案融入加探究式教學」因為有同儕相互刺激，帶來學習競爭和榮譽感，讓學生課堂表現積極而投入，而同學之間的討論也有助於釐清學習盲點，從而提升學習效果。雖然分組討論有助於相互學習，但相對也會產生討論過程岔題失焦，需要老師適度引導，而學生認為「探究式教學」的學習單設計更富有挑戰性，因為難度增加反而需要有更多時間才能完成作業。

　　基於前述教學實驗結果，本文研究對於中學歷史科運用檔案融入教學或是加上探究式課程經營，建議教師未來對於檔案資料的選取，可以選擇具趣味性、歷史意義的圖

像檔案，注意檔案傳達的史觀與課文的觀點，如果檔案內容字數多、文字詰誳難懂，教師可以增加註解或是改寫，以利學生判讀。進行課程教學時，需要特別關注低學習成就學生的狀況，適時給予鼓勵，增加低學習成就學生的參與感，課程設計能提供學生討論和思考的充裕時間，也可以設計預習單或是教師以簡報方式加強重點指導和課後歸納。本文研究以對於課本講授方式學習低落之體育班學生為例，嘗試改變教學方式提升學生學習動機和成效。研究結果不盡然可推估至一般班級學生，但本文研究對於歷史課程教學方式之改變，期許可提供中學歷史教師開始參與檔案融入及探究式教學實施之參考。

後記：本文曾發表期刊論文，經重整文字後完成。原刊載期刊：林巧敏、張儷馨(2022)。國中體育班歷史課程融入檔案和探究式教學對於學習動機及成效影響。圖書資訊學研究，16(2)，1-37。

## 附錄一：檔案融入歷史教學學習單示例（鴉片戰爭單元）

班級：＿＿＿＿ 座號：＿＿＿＿＿ 姓名：＿＿＿＿＿＿

1839年3月18日，林則徐責令他們在三天之內呈繳所有的鴉片，並出具一份嗣後永不敢非法夾帶鴉片的甘結；如違反這

份甘結將貨盡沒官，人即正法。

洋人不理會他設置的 3 月 21 日之最後期限……3 月 24 日林則徐下令中斷貿易，撤走華人買辦和僕役，並包圍了英國商館。三百五十名洋商被困在商館區裡，但他們並未缺乏食物，因為從前的僕役經常偷偷送來。最大的不自在是氣候悶熱及前景迷茫，軟禁持續了六個星期。

在義律來看，這是對英國人生命、自由和財產採取的強盜行徑；但在林則徐來看，這卻是中國法律的正當實施及對走私歹徒的正義懲罰。

1839 年 3 月 27 日，義律以英國政府的名義發布一條公告，令所有英國商人將他們的鴉片交由他轉交給林則徐：

檔案 1

本總監督茲……謹以不列顛女王陛下政府的名義並代表政府，責令在廣州的所有女王陛下之臣民，為效忠女王陛下政府，將他們各自掌管的鴉片即行繳出，以便轉交中國政府……且本總監督茲為了不列顛女王陛下政府並代表政府，充分而毫無保留地願意對繳出鴉片經我之手轉交中國政府的全體及每一位女王陛下的臣民負責。

義律（1801-1875），1836-1841 任職英國駐華商務總監

由於這份宣言，鴉片的所有權易手了：他不再是商人的私人財產，而成了英國政府的公共財產。……義律 5 月 18 日實際

交出了 21,306 箱鴉片，林則徐於 6 月 3 日開始就地銷煙。……林則徐似乎贏得了一場對鴉片的道義和法律的完全勝利，但這個勝利卻是虛幻的，因為英國人是絕不會善罷干休的。

---

英國遠征軍由海軍少將懿律統帥前來，並被任命為全權的公使，堂弟義律則被任命為副帥。英國給他們的訓令要求是：

（1）對非法拘禁英國商務監督及英國臣民予以全面賠償。
（2）歸還收繳的鴉片或予以適當的賠償。
（3）賠償加諸英國監督及臣民的凌辱和褻瀆，並保證其未來的安全。
（4）割讓一個或數個島嶼。
（5）廢除壟斷性的廣州貿易制度及還清行商的欠款。

檔案 2

外國走私者構成了一個更為艱鉅的難題，林則徐借助翻譯在澳門出版的報紙及外國地理著作盡力瞭解西方，還延請美國傳教士為他翻譯《國際法》中關於各國禁止違禁品和宣戰之權利的三個章節。他兩次致函英國維多利亞女王，請求她干預。他的第一封信分發給廣州的洋人團體，但可能沒有送達英國；在該信中，林則徐敦促女王制止鴉片的種植與加工。在更為著名的第二封信中，他宣稱：

林則徐
（1785-1850）

> 眾夷良莠不齊，遂有夾帶鴉片、誘惑華民，以致流毒各省者……以中國之利利於夷……豈有反以毒物害華民之理？……試問天良何在？聞該國禁食鴉片甚嚴……何忍更以害人之物恣無厭之求？設使別國有人販鴉片至英國誘人買食，當亦貴國王所深惡而痛絕之也……貴國王自不肯以己所不欲施之于人……王其詰奸除匿，以保義爾有邦，益昭恭順之忱，共用太平之福。

> 您英國自己國內嚴格禁食鴉片，卻允許商人賣鴉片到中國危害我國人民健康，若換作是別國走私鴉片到您的國家，您也會深惡痛絕。請您干預貴國走私鴉片的情形，以穩固兩國之間的外交關係。

這封信是在 1840 年 1 月由「擔麻士葛號（Thomas Coutts）」船主彎喇（Warner）帶往倫敦，但英國外交部拒絕接納彎喇。

◎問題 1：「鴉片」是這場戰爭的根本原因嗎？沒有鴉片，雙方是否仍會爆發戰爭？為什麼？

◎問題 2：如果你是史家，你會將此歷史事件稱為「鴉片戰爭」還是「商務戰爭」，或是其他命名？為什麼？

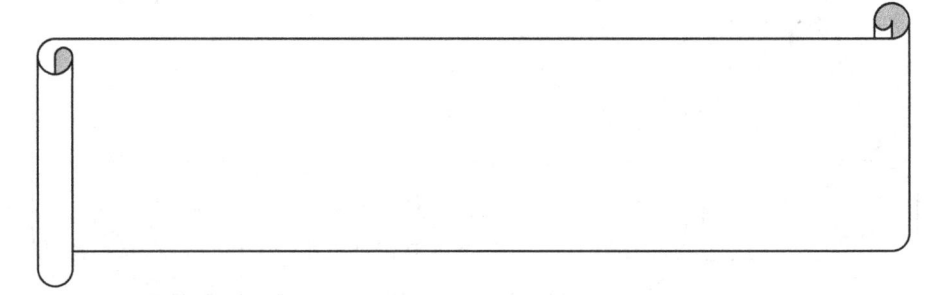

## 參考文獻

Anderson, L. W., & Krathwohl, D. R. ed.(2001). *A Taxonomy for Learning, Teaching, and Assessing: A Revision of Bloom's Educational Objectives*. New York: Longman.

Bahde, A.(2013). The history labs: Integrating primary source literacy skills into a history survey course. *Journal of Archival Organization*, 11(3/4), 175-204.

Bruner, J.(2004). *Toward a Theory of Instruction*. Cambridge, MA: Belknap Press.

Carini, P.(2009). Archivists as educators: Integrating primary sources into the curriculum. *Journal of Archival Organization*, 7(1/2), 41-50.

Department for Education.(2013). *National Curriculum in England:*

*History Programmes of Study*. Retrieved from https://www.gov.uk/government/publications/national-curriculum-in-england-history-programmes-of-study/national-curriculum-in-england-history-programmes-of-study

Dobbs, G. R.(2011). Archival materials and the teaching of historical geography and historical GIS. *Journal for the Society of North Carolina Archivists*, 9(1), 2-14.

Holmes, E.(2015). Building engaging teaching materials with primary sources. *Agora*, 50(1), 62-66.

Johnson, M. J.(2010). Teaching with primary source texts. *School Library Monthly*, 27(3), 31-33.

Klahr, D., & Simon, H. A.(1999). Studies of scientific discovery: Complementary approaches and convergent findings. *Psychological Bulletin*, 125(5), 524-543.

Krause, M. G.(2010). It makes history alive for them: The role of archivists and special collections librarians in instructing undergraduates. *Journal of Academic Librarianship*, 36(5), 401-411.

Maddrell, A.(2007). Teaching a contextual and feminist history of geography through role play: Women's membership of the royal geographical society (1892-1893). *Journal of Geography in Higher Education*, 31(3), 393-412.

McAleavy, T.(1998). The use of Sources in school history 1910-

1998: A critical perspective. *Teaching History*, 91, 10-16.

Morris, S., Mykytiuk, L. J., & Weiner, S. A. (2014). Archival literacy for history students: Identifying faculty expectations of archival research skills. *American Archivist*, 77(2), 394-424. doi: 10.17723/aarc.77.2.j270637g8q11p460

Regan, W. B.,& Shepherd, G. D.(1977). *Modern elementary curriculum* (5th ed.). New York, NY: Holt, Rinehart & Winston.

Robb, J. E.(2009). The Opper Project: Collaborating with educators to promote the use of editorial cartoons in the social studies classroom. *RBM: A Journal of Rare Books, Manuscripts & Cultural Heritage*, 10(2), 70-94.

Robyns, M.(2001). The archivist as educator: Integrating critical thinking skills into historical research methods instruction. *The American Archivist*, 64(2), 363-384.

Ruff, T. P., & Nelson, J. T.(1997). *Classroom Ready Activities for Teaching History and Geography in Grade 7-12*. Boston, MA: Allyn & Bacon.

Ruffin, E., & Capell, L.(2009). Dispelling the myths: Using primary sources in the K-12 classroom. *Children & Libraries: The Journal of the Association for Library Service to Children*, 7(1), 26-31.

Van Cleaf, D. W.(1991). *Action in Elementary Social Studies*. Boston, MA: Allyn & Bacon.

Weiner, S. A., Morris, S. L., & Mykytiuk, L. J.(2015). Archival literacy competencies for undergraduate history majors. *The American Archivist*, 78(1), 154-180.

doi: 10.17723/0360-9081.78.1.154

Wineburg, S., Martin, D., & Monte-Sano, C.(2012). *Reading like an Historian: Teaching Literacy in Middle and High School History Classrooms* (2nd ed.). New York, NY: Teachers College Press.

Yakel, E.(2004). Information literacy for primary sources: Creating a new paradigm for archival researcher education. *OCLC Systems & Services: International Digital Library Perspectives*, 20(2), 61-64.

Wineburg, S., Martin, D., & Monte-Sano, C. (2016)。**像史家一般閱讀：在課堂裡教歷史閱讀素養**（宋家復譯）。臺北市：臺大出版中心。

何成剛（主編）（2012）。**史料教學案例設計解析**。北京市：北京師範大學。

吳虹靜（2018）。**檔案應用於高中歷史教學設計：以解嚴後的台灣政治發展為例**（未出版之碩士論文）。國立政治大學圖書資訊與檔案學研究所，臺北市。

李健輝（2020）。主題性探究式教案的設計與嘗試：以〈日治時期義務教育的實施〉為例。**清華歷史教學**，27，5-33。

李稚勇（2012）。中英美中學歷史課史料教學比較研究。**上海師範大學學報**（哲學社會科學版），41(2)，125-136。

沈亞梵（1996）。視聽教學媒體與視聽教育。在黃政傑（主編），**教學媒體與教學資源**（67-79頁）。臺北市：師大書苑。

林巧敏（2012）。**檔案應用服務**。臺北市：文華圖書館管理資訊。

林巧敏（2021）。檔案融入中學歷史課程之教師意見調查分析。**圖書資訊學刊**，19(2)，77-111。

林慈淑（2016）。證據概念——從中學歷史課綱到教學問題探析。**臺大歷史學報**，58，249-286。

施曉雯（2009）。**史料證據在高中歷史教學中的應用——以「當代臺灣與世界：經濟的成長與挑戰」單元教材教法為例**（未出版之碩士論文）。國立臺灣師範大學歷史學系在職進修碩士班，臺北市。

國家教育研究院（2018）。**十二年國民基本教育課程綱要：國民中小學暨普通型高級中等學校——社會領域**。檢自 https://bit.ly/3c7eril

張清濱（2000）。**探究教學法**。臺北：師友月刊社。

張清濱（2018）。**教學理論與方法**。新北市：心理。

張靜（2002）。歷史課問題探究式學習初步研究。**清華歷史教學**，13，81-96。

張靜儀（1995）。自然科探究教學法。**屏師科學教育**，1，36-45。

陳永斌（2021）。檔案融入歷史教育的角色定位與路徑研究。**浙江檔案**，8，33-38。

陳冠華（1999）。歷史教學中的史料運用。**清華歷史教學**，9，64-80。

陳惠芬、吳翎君、陳豐祥、莊德仁、吳政哲（2021）。素養導向系列叢書：**中學歷史教材教法**。臺北市：五南。

陳豐祥（2009）。新修訂布魯姆認知領域目標的理論內涵及其在歷史教學上的應用。**歷史教育**，15，1-54。

彭奎翰（2019）。**探究式教案研究與研發：以劉邦和親外交為課題**（未出版之碩士論文）。國立臺灣大學歷史學研究所，臺北市。

程建教（1991）。**國小社會科教學探究**。臺北市：五南。

黃春木（2020）。教導高中生「歷史思考」學習的重要性及可行性探討。**課程研究**，15(2)，49-67。

詹宗祐（2009）。影像資料在歷史教學的運用與實務──以中國史為例。**歷史教育**，14，265-293。

詹美華、宋家復（2018）。**歷史閱讀素養教學設計之理念與實例**。新北市：國家教育研究院。

劉政宏（2009）。對學習行為最有影響力的動機成分？雙核心動機模式之初探。**教育心理學報**，41(2)，361-383。

劉政宏、黃博聖、蘇嘉鈴、陳學志、吳有城（2010）。「國中小學習動機量表」之編製及其信、效度研究。**測驗學刊**，57(3)，371-402。

歷史教師深根聯盟（2020）。臉書。檢自 https://www.facebook.com/ourstoryteacher/

薛理桂（2004）。檔案在中學歷史教學之運用與檔案人員之角色。**圖書與資訊學刊**，50，49-59。

# 第五章　繪本融入國小性平教育之教學實例

林巧敏[7]

邱稚妍[8]

　　本文是藉由繪本融入性別平等教育課程，探究兒童在身體自主權認知的學習成效及其學習感受。本文研究採前實驗研究等組前後測設計，以兩班國小一年級學童為教學對象，實施八週性平教育課程，一班為實驗組接受繪本融入教學，一班維持課本講授教學，以身體自主權認知量表評估課程學習成效，並輔以質性訪談瞭解學生對於課程實施意見。研究結果顯示，將繪本融入性平課程對於國小低年級學童的身體自主權認知有成效，學童比較喜愛繪本融入課程之教學方式。比較兩種教學成效，在身體自主權認知之「基礎觀念」未達顯著差異，但在「情境判斷」上，繪本融入教學比課本講授的學習效果好且達到統計顯著性，最終，根據研究結果提出運用繪本融入教學的建議。

---

[7]　國立政治大學圖書資訊與檔案學研究所教授

[8]　新竹縣安興國小教師

## 壹、前言

2017 年美國好萊塢著名製片人被揭露一系列的性騷擾與性侵案件，引發了以美國為起點，遍及全世界的 #MeToo 反性騷擾性侵害的社會運動，此事件爆發後，短短的幾天內遍及全球至少 85 個國家，超過 170 萬條的推文響應（BBC NEWS, 2017；Seth, 2018）。試想若能在教育過程中，對於學童往下扎根建立正確的身體自主權認知教育，將有助於導正個人與他人在身體安全上的自重與互重。

在國小校園中性騷擾事件發生的機率比性侵害高，包括同儕間的性玩笑或不當的肢體碰觸等，都可視為性騷擾的型態之一，但學童經常不自覺或只是容忍（蕭如婷，2012；Finkelhor et al., 2016）。根據衛生福利部保護服務司（2022）之性侵害通報被害及嫌疑人概況統計資料，可知在校園發生性侵害的案件中，加害者與受害者皆多屬 12 歲以上未滿 18 歲之青少年，顯示學童對於身體自主權認知缺乏警覺與防範，而身體安全教育需要從小開始，唯有讓孩子接受正確的身體自主權認知，並知道什麼是不當的碰觸，瞭解什麼是不對的觀念，也知道遇到困境時，必須及時跟信任的大人求救、尋求協助，並解決問題。

國小低年級學生之間的互動，不論是言語上或是肢體上，都需要教師諄諄教誨、殷殷叮嚀，雖然實施身體安全教育課程很重要，但如何以最適合的方式引導國小一年級學生學習？除了依照課本解說和教師指導外，是否能有更融入情境理解的教

學方式,而且能更有效促進學習認知?Pressley(1977)認為運用繪本的學習效果要比純口語的教導對於學童更有效,因為孩子喜歡聆聽故事,藉由多元的繪本教學,孩子們能專心投入並置身於繪本情境中,透過書中情境與自身經驗連結,拓展更多元的生活觀,教師利用繪本進行教學,可同時運用文字及圖像連續性的特質來呈現故事情節,透過繪本的使用可提升兒童主動學習的動機,進而提升其語言及認知等能力發展。國小低年級學童的認知發展尚屬於具體運思期階段(concrete-operation stage),在抽象思考及事件理解方面尚有難度,若單用講述方式教導,可能無法達到完全有效的學習,教師若能善用動畫、繪本等媒材,提供活潑、有趣的聽覺與視覺刺激,將可提高學童的學習興趣(林玫君,2019;鄭竹秀,2015)。

將繪本融入教學在各領域教學皆有不少研究發現有助於提高學習動機與興趣(王嬿茹,2016;林惠娸,2019)。在學校教學場域已有將性別平等教育議題融入於健康課程教學中,藉由行動研究發展課程,以落實性別平等意識(潘慧婷,2010;蔡淑君,2020)。此外,過往探討性別平等議題多數是以性別刻板印象、性別角色認同較多,此與社會中存在已久且根深蒂固的性別概念有關,但討論身體自主權之相關研究較少。因此,本文研究希望探討將繪本融入性別平等教育對於學童學習成效的改變,研究設計是以傳統課本講授教學以及繪本融入教學兩種方式進行比較,瞭解在性平教育課程,加入繪本教學對於國小低年級學童的身體自主權認知學習成效的影響。研究目

的在於：
一、探討國小低年級學童在經過性平教育主題繪本教學後，對於身體自主權認知學習成效的改變。
二、比較分析採用主題繪本融入性平教育教學（繪本融入教學）和單純採課本講授性平知識（課本講授教學）之教學方式，對於學生身體自主權認知學習成效的差異。

## 貳、文獻探討

### 一、繪本教學設計理念

繪本又稱作「圖畫書」，是以圖畫為主題，文字為輔助的書籍，或者是全書皆為圖畫，沒有文字的書籍（何三本，2003）。繪本特別強調視覺傳達的效果，除具有輔助文字表達的功能，更增強主題內容的展現，繪本的插圖需要能夠完整地闡述故事的內容，透過文字、圖畫或圖與文組合的模式，讓讀者瞭解故事情境與脈絡（陳素杏、黃漢青，2007），是一種兼具文字與圖畫的書籍，以潛移默化的方式，將欲傳達的概念隱含在圖畫中，結合文字的敘述，引發讀者閱讀的興趣並引導讀者思考寓意（陳怡螢，2015）。在閱讀過程中，學童將他們的背景知識與書中文字圖片的訊息連結，使用閱讀策略來識別關鍵概念，組織、綜合和總結資訊，做出推論並預測故事接下來會發生什麼事（Mantzicopoulos & Patrick, 2011; Pearson, 2005）。

繪本是學童學習語言、概念的重要來源，除了選擇高質量的內容外，成年人可以做的、最能幫助孩子學習的事，就是在閱讀過程中與他們進行對話（Strouse et al., 2018），在閱讀和討論文本內容時，能為學童提供豐富的機會，將所學知識與他們的經歷和興趣產生連結（Mantzicopoulos & Patrick, 2011）。繪本教學不像教科書有固定的內容，而是以故事的發展引導學童融入情境，思考書中的生活態度與行為觀念。但如果只是任由學童隨意瀏覽翻閱，未能與文字圖畫譜出共鳴，僅能發揮部分的繪本教學成效。有效的繪本教學應是伴隨著豐富的討論、複述和重讀的機會，這些都是促進學童理解並形塑主題意義的方式。因此，需要教師帶領學生閱讀繪本，藉由教學活動引出共讀的火花與學習效果（Strouse et al., 2018）。

Sipe（2002）認為閱讀是培養欣賞、愛和存在的方式，藉此孩童會對自己的生活充滿熱情，運用繪本融入教學的表達方式，包括：

（一）戲劇化：以大聲的唸、動作或表情等詮釋繪本內容。

（二）角色扮演：和故事中的角色互動，而模糊故事與現實的界線。

（三）輸出：藉由對故事內容的改寫，強化學生的讀寫能力。

（四）添加角色：將自己或旁人加入故事情節中。

（五）討論：藉由描述與分享，釐清對於故事的理解和解釋。

因此，運用繪本教學時，在教學前必須慎選符合主題之繪本，並考量學生既有之生活經驗、先備知識和興趣；教學過程

中，需要營造學童與同儕的分享討論，再藉由教師的澄清與歸納，使學生理解繪本中重要的意涵；此外，為加深學童對於學習主題之印象，可於教學後藉由主題討論、角色扮演、實際行動或故事改編等延伸活動，擴展學習範圍與理解程度。

## 二、性平教育與身體自主權認知相關研究

性平教育是一種價值教育，期望學生能站在辯證的角度，瞭解當前社會與文化中的性別議題，培養其性別平等意識，察覺性別差異造成的權力不對等，肯定性別多元化，接納自我和別人的性別表現，進而可消除性別歧視，讓每一位學童都能在一種性別友善的環境中快樂成長（國家教育研究院，2019；Grossman & Grossman, 1994; Voorhees, 1994）。在全球化的影響下，臺灣的性別平等教育快速萌芽，2022 年修正之《性別平等教育法》明確定義性別平等教育是「以教育方式教導尊重多元性別差異，消除性別歧視，促進性別地位之實質平等」（性別平等教育法，2023）。此外，《性別平等教育法施行細則》中也明確闡釋性別地位的真實平等是任何人不得因為其生理性別不同、性傾向差別、性別特質或性別認同等差異，而受到有不平等的對待（性別平等教育法施行細則，2019）。因此，性平教育課程逐漸落實到學校教育課程安排中，希望藉著課程與教學的實踐，使性別平等觀念自幼萌芽並落實於生活中。

在學童成長階段提供性別平等教育的兩個最重要機構是家

庭和學校,但家長往往不具備所需的知識和技能,而學校教師卻可能威懾於教育政策、有限的教育資源和家庭文化結構混雜等因素,對於在課堂進行性別平等教育的態度偏向保守或消極(Abolghasemi et al., 2010; Barimani Aboksari et al., 2020; MerghatiKhoei et al., 2013; Ogle et al., 2008)。但研究顯示學童在學校教育階段,經由教師在課程進行身體安全的健康教育,可以對於未來的行為產生正面影響(Kimberly, 2020; Zhang et al., 2015)。不少國家已透過立法或是國家教育政策,在學校推動性別平等教育,經由學校提供正規、優質的教育計畫,能促進學童對於性別平等的知識、建立正確的認知,進而能有效幫助兒童和青少年學習保護自己,免於受虐、脅迫和剝削(Finkelhor, 2009;Goldman, 2013)。因此,在學校基礎教育階段有必要針對學童實施性別平等(gender equality)健康教育,建立學童對於維護自身身體安全的正確觀念。

學校實施性別平等教育的方式,最普遍的教學方法是由教師在課堂進行知識講授。但近年來已有教學實驗嘗試以貼近實際情境演示方式,提升學生對於受虐預防知識以及自我保護行為的練習,研究發現透過場景演示說明,可加深學習效果(Gushwa et al., 2019; Kang et al., 2022; Thompson, et al., 2022)。學校實施身體安全教育的意涵,在於賦予學童能夠保護自己身體的知識與基本技能,可降低學童成為被不當碰觸、性騷擾或性侵受害者的可能性(Sanders, 2015)。

近年國內也有不少關於國小性別平等教育的研究,但多屬

教學實證研究的學位論文，探討的主題有進行性別刻板印象之研究（徐瑋憶，2016；章淑芬，2016；賴媛伶，2019），有針對多元性別之研究（黃青鋒，2016；劉家伶，2017），也有關於身體自主權之研究（蔡淑君，2020）。伴隨各項法規制度的推動與落實，以及對於性別平等教育的推進，對於去除性別刻板印象，尊重性別差異化及不同性別特質，已逐漸於校園和職場形成共識，但真正能在生活中革除已經習慣的行為和表述方式，仍屬不易。

因此，不少研究是針對去性別刻板印象與性別歧視的當前表現，從不同的角度和面向進行討論與觀察。例如陳如音（2022）從禮俗、日常觀念與校園的互動觀察，探討去性別刻板印象與性別歧視的問題。吳宗穎（2022）從性別刻板印象及其所造成的威脅，討論因為刻板印象對於不同性別發展的阻撓，從而提出教育的實踐應該關注的問題，以減少歧視與性別刻板印象的負面影響。國內外也有教學現場的實證研究，分析教科書或是故事書內容角色與情節，對於學童建構性別角色以及造成性別刻板印象的影響（陳昱君等，2021；Lan, 2007；Axell & Boström, 2021）。但更多的研究是探討性別刻板印象對於學童成長心理健康、學習傾向，以及人格發展的影響程度（Brussino & McBrien, 2022；Hermann & Vollmeyer, 2022；Igbo et al., 2015；Shu et al., 2022；Stone et al., 2015）。

在學校教學場域已有將性別平等教育議題融入於教學中，並於國小一年級的健康課本中傳授認識及保護自己身體的知

識，若能藉由研究分析，提供學校教學方式的改變，對於促進學童性別平等的意識，應有實質助益。此外，過往探討性別平等議題多數是以性別刻板印象、性別角色認同較多，此與社會中存在已久且根深蒂固的性別概念有關，但討論身體自主權之相關研究較少。但反觀教育現場及社會現況，逐年攀升的性侵害性騷擾統計數據，以及學生間模糊曖昧的人我界線，更加凸顯身體安全教育的重要性。學童於學校的群體行為將會是未來社會的縮影，每個基礎教育，都具有改變學童生命的契機，亦是預防日後演變出偏差行為的最好方法。

綜合前述文獻分析，可知過往研究多數採行動研究法，透過教學反思過程，發展合宜的教學內容，對於性別平等教育的落實，自是仰賴第一線教師於教學歷程中反覆修正教學設計，讓下個階段課程活動可更臻完善，故而行動研究是教育工作者最常使用的研究方式。但在累積行動教學研究成果之後，本文研究更希望探究不同教學方式對於學生學習成效及身體自主權認知的改變。

因此，有別於過往國內研究關注的教學主題和行動研究法，本文研究以尚未受到關注的身體安全教育為探討主題，比較不同教學方式帶來的教學成效。研究設計是以「身體自主權的尊重與維護」為教學主軸，對於國小一年級學童的性別平等教育議題融入健康課程進行實驗教學，以準實驗研究法，蒐集實驗組與對照組兩班學生的學習紀錄，以量化分析方式瞭解不同教學方式之學習成效，並輔以質性訪談瞭解學習者對於將繪

本融入教學的看法和感受。實驗研究也是在教學實踐過程中，指導學童認識自己及他人身體安全的知識，知道保護自己及他人身體安全的方式，進而培養尊重他人身體的態度。

## 參、研究設計與實施

### 一、研究方法

　　本文研究主要探討國小一年級學童在經過性別平等教育主題的繪本學習後，對於身體自主權認知之學習成效，與單純以健康課本傳授性平知識是否具有差異性，並在教學後訪談學生的學習經驗，採量化與質性並行，最後根據資料進行分析。本文研究中有實驗組及對照組，兩組人數相同，皆實施前後測，為等組前後測設計。此外，為瞭解學童感受，研究者也採用半結構式訪談方式，以口語陳述訪談題目蒐集學生的學習意見。本文研究以量化為主，質性為輔的研究方法，透過量化統計數據可以客觀分析學生在教師運用繪本融入性平教育課程後，能否促進身體自主權認知之學習成效，並藉由質性訪談瞭解學生的學習感受。

### 二、研究對象

　　研究實施對象以新竹縣竹東鎮某國小為例，隨機抽樣一年

級的兩個班級，每班 24 位學生，實驗組與對照組共 48 位研究受試者，學校採常態分班，兩班學生先備條件相仿，且兩班學生之前沒有正式接受過性平教育課程。一年級學童對於身體自主權認知因家庭教育或幼教環境之差異，仍屬模稜兩可、似是而非的狀態，卻是亟待培養正確觀念的對象。本文研究對象為未成年學童，進行教學實驗前，皆徵得家長同意簽署知情同意書參與教學研究，在進行教學活動過程所記錄之資料亦僅供研究分析，研究資料採匿名呈現。

## 三、研究工具

基於符合本地情境考量，本文研究參考蔡淑君（2020）設計的身體自主權認知調查表以及王義仕（2017）所設計的身體界限認知與反應問卷，沿用兩份問卷業經信效度檢驗之問卷，再搭配研究者選定的性平教育主題繪本內容以及國小課程學習目標，經整合修改後成為本文研究採用之「身體自主權認知量表」。量表於正式實施前，邀請學年老師及學校專任輔導老師進行專家效度評定，檢視測驗內容的適切性，經修改調整後為正式版本。「身體自主權認知量表」題項分為兩部分：第一部分為「基礎觀念題」，第二部分為「情境判斷題」，採用五點量表方式計分，受試者可依據自身的想法與感受勾選。「基礎觀念題」共 11 題，主要瞭解學童對於身體自主權認知的觀念，例如：「我認識的人，也不能隨便碰觸我的身體」、「我的身

體是獨一無二的，只有我自己能決定被誰碰觸」等。「情境判斷題」共 15 題，是以情境描述方式，瞭解學童在面對身體安全情境時的判斷，例如：「如果不喜歡被奶奶摸臉或擁抱，可以換成擊掌拍手的方式表示」、「我的好朋友跟我玩時，摸了我的隱私部位，我覺得不舒服，我會告訴大人」等。

施測時皆由研究者親自到實驗班級及對照班級指導學生作答，研究者會逐題朗讀及解釋，盡量排除學生對於題目文字的困惑。為瞭解此實驗課程實施的適切性與學生接受實驗課程後認知的轉變，研究者擬訂半結構式訪談大綱於課程結束後，對接受不同教學方式之實驗組學生進行訪談，以瞭解受試者對於不同教學設計的感受。

## 四、課程規劃與設計

本文研究實施性平教育課程係利用學校表定課程中的健康課時間，進行繪本融入性平教育之實驗教學。研究者先參考相關文獻，設計研究架構，並由研究者之一的國小教師根據健康課本內容與其他教師共同設計課程，以「身體安全教育」為主軸，提出「別人與我的身體碰觸」、「我的身體界線」、「拒絕不安全的碰觸」三個教學主題，教學主題的選擇是根據健康課本的學習架構，並參考國小一年級學童的生活經驗，擬出適合該年段學生的學習主題。

運用的繪本係參考教育部性別平等教育資訊網讀物選介、教

育部中小學新生閱讀推廣計畫國小學童適讀書單以及專家學者於網路書店的推薦介紹,以適合一年級學生閱讀且具正向教育意義的繪本為主,由學年教師與專任輔導教師共同選出適合國小低年級學童閱讀之性別平等教育主題讀物。本文研究選擇能與學童生活經驗有連結的繪本,繪本內容描述的場域有學校,也有與親人相處的情境,是能讓多數學童有共鳴,而且有共同經驗的故事題材。教學主題及繪本選擇的考量分述如表 5-1:

表 5-1　選定之教學繪本說明表

| 教學主題 | 選取的繪本 | 選擇考量 |
|---|---|---|
| 別人與我的身體碰觸 | 瑞希不喜歡親親！ | 以動物角色和孩子們能理解的語言講述抽象的身體界線、身體自主權概念,容易讓孩子投入角色並進一步反思。 |
| | 你離我太近了,請給我一點空間！ | |
| 我的身體界線 | 喜歡妳,為什麼不能抱抱妳？ | 繪本內容是與學童學校情境有關,藉由校園生活時常發生的案例,讓孩子感同身受,師生一同對話,思考應對方法。 |
| | 不！別亂碰我的身體！ | |
| 拒絕不安全的碰觸 | 不要就是不要！ | 繪本內容是學童和家人相處的情境,小時候與家人的身體距離較靠近,隨著年齡增加,身體的距離也會不一樣,書中引導學童當覺得不舒服時,該如何表達意見的方法。 |
| | 請不要摸我的身體！ | |

　　實驗組教學為期八週,實驗組在進行繪本融入課程教學前先有一週的說明與前測,接著進行六週的繪本融入性平教育課

程教學,最後一週進行後測與訪談。本教學實驗課程主要採用繪本欣賞、課堂講授、分組討論與分享的方式,輔以角色扮演,遊戲體驗、影片觀賞等方式提升學習興趣,繪本融入教學採用角色扮演以及遊戲體驗設計,能讓學童更容易模擬情境,可以融入情境感受場景,過程中加入分享與討論,能讓學童提出個人經驗與想法。由教師提出認知層面的問題進行小組討論發表,藉由與同儕討論的過程,發現自己與他人想法的差異,並能連結繪本內容,重新檢視原先認知的概念。最後,請學生書寫課程回饋單以掌握繪本課程學習效果。研究者依據主題擬定學習目標,設計實驗組教學課程大綱以及學習活動如表 5-2:

表 5-2 教學實驗課程大綱

| 週次 | 課程主題 | 學習目標 | 教學活動設計摘要 |
|---|---|---|---|
| 一 | 別人與我的身體碰觸 | 1.覺察在生活中被他人碰觸時,個人產生的好惡感受。2.分辨適合的碰觸和不適合的碰觸。 | 1.教師繪本導讀:《瑞希不喜歡親親!》2.教師就繪本內容提問、學生發表3.就繪本內容做角色扮演,學生分享感受 |
| 二 | | | 1.教師繪本導讀:《你離我太近了,請給我一點空間!》2.教師就繪本內容提問、學生發表3.設計碰觸情境體驗,兩兩一組(同性)表演後分享感受 |
| 三 | | 1.認識身體隱私部位與身體界限。 | 1.預先請兩位同性學生扮演繪本情境,接著師生共同閱讀:《喜歡妳,為什麼不能抱抱妳?》2.教師就繪本內容提問、學生發表 |

| 週次 | 課程主題 | 學習目標 | 教學活動設計摘要 |
| --- | --- | --- | --- |
| 四 | 我的身體界限 | 2.發表個人對保護身體的立場，堅定表達個人身體自主權。 | 3.由兩位同性學生扮演 NG 情境，台下學生提出正確互動模式，最後台上學生演出正確互動模式。<br>1.請兩位學生導讀繪本：《不！別亂碰我的身體！》<br>2.教師就繪本內容提問、學生發表<br>3.請每位學生用長線圍出自己的身體界線，並分享理由。 |
| 五 | 拒絕不安全的碰觸 | 1.知道應該如何拒絕不安全的身體碰觸。<br>2.演練如果遇到不安全身體碰觸時的拒絕方法。 | 1.師生共同閱讀繪本：《不要就是不要！》<br>2.教師就繪本內容提問、學生發表<br>3.以圖片比較「明確拒絕」與「含糊拒絕」後的差異，請學生上台演示並分享感受。 |
| 六 | | | 1.請兩位學生導讀繪本：《請不要摸我的身體！》<br>2.教師就繪本內容提問、學生發表<br>3.就繪本情境請三組學生分別扮演嬰童期、幼兒期、學童期與家人的身體互動，以體會身體界線會隨著年齡而不同，學會如何明確拒絕。 |

對照組教學同樣為期八週，教學方式維持原本教師教學的方式，採用課本講述教學，教學材料的課本是經由教育部教科圖書審定之健康教育課本，教學方式為教師帶領學童逐頁觀看課本文字敘述及圖片解說，教師提問課本內容學生回答正確答案。實驗組與對照組教學的差異在於實驗組將課本知識與繪本

情境做結合，並讓學生反覆從分享討論、角色扮演、情境模擬及遊戲體驗中，逐步感受身體自主權意涵。對照組承襲一般教學方式，以健康教育課本課堂講授為主。最終，將蒐集的量化資料與質性資料進行研究分析。

## 五、資料處理與統計

本文研究以「身體自主權認知量表」進行學習成效檢測，瞭解學童在繪本融入教學前後對於身體自主權認知的改變，「身體自主權認知量表」採五點量表選填，依照符合程度分為「非常不同意」、「不同意」、「普通」、「同意」、「非常同意」，採計分數為1、2、3、4、5分，總計分數愈高，表示認同度愈高。將所有學童填答量表進行編碼，因學校採常態分班，兩班學生先備條件相仿，且兩班學生之前沒有正式接受過性平教育課程，因此，假設變異數相等，且經共變數分析後，兩組之間的變異數無顯著差異，故採獨立樣本 t 檢定，分析兩組學童於教學前後之學習成效差異。教學課程結束後，以隨機抽樣方式進行研究對象個別訪談，訪談內容於徵詢受訪者意願後進行錄音，訪談結束後，先根據錄音資料轉譯為逐字稿，將所有受訪者意見，進行意見編碼與歸納，並根據意見觀點提取本文研究相關資訊，以回應研究問題分析。

## 肆、研究結果分析

### 一、兩種教學方式對於身體自主權認知學習成效之比較

實驗組（繪本融入教學）與對照組（課本講授教學）學童於課程實施前，先進行身體自主權認知量表檢定，量表題項分為兩部分：基礎觀念與情境判斷。前測是為記錄學習前對於身體自主權認知的程度，並於八週課程完成後，進行第二次身體自主權認知量表檢定。

比較實驗組與對照組在身體自主權認知量表前測的差異，採獨立樣本 $t$ 檢定得知，在基礎觀念項目，實驗組前測平均數（$M=43.92$）與對照組前測平均數（$M=41.54$）沒有顯著性差異（$t=-0.96$，$p=0.342$），$p$ 值未小於 0.05，亦即兩組學童在基礎觀念項目差異小。在情境判斷項目中，實驗組前測平均數（$M=56.08$）與對照組前測平均數（$M=57.71$）沒有顯著性差異（$t=-1.136$，$p=0.262$），$p$ 值未小於 0.05，兩組學童在情境判斷項目也沒有顯著差異。

表 5-3　兩組學童之身體自主權認知量表前測的獨立樣本 $t$ 檢定

| 階段 | 分組 | 人數 | 平均數 | 標準差 | 自由度 | $t$ 值 | 顯著性（雙尾） |
|---|---|---|---|---|---|---|---|
| 基礎觀念前測 | 繪本融入教學 | 24 | 43.92 | 6.81 | 46 | -0.96 | 0.342 |
| | 課本講授教學 | 24 | 41.54 | 10.03 | | | |

| 階段 | 分組 | 人數 | 平均數 | 標準差 | 自由度 | t 值 | 顯著性(雙尾) |
|---|---|---|---|---|---|---|---|
| 情境判斷前測 | 繪本融入教學 | 24 | 56.08 | 7.66 | 46 | -1.136 | 0.262 |
| | 課本講授教學 | 24 | 57.71 | 6.81 | | | |

比較實驗組與對照組學童於身體自主權認知量表的前測成績，在基礎觀念與情境判斷項目均無顯著性差異，顯示兩組學童的身體自主權認知在教學實驗進行前，對於性別平等概念的認知程度是一致性的。

經過八週實施不同教學方式後，實驗組與對照組分別再以身體自主權認知量表檢定，比較「繪本融入教學」之實驗組與「課本講授教學」對照組的前後測分數差異，發現學童經過 8 週教學後，在繪本融入教學的認知量表分數，後測表現皆比課本講授教學的進步幅度大，在基礎觀念認知方面，繪本融入教學增加 5.21，在情境判斷認知方面，增加 8.8。而課本講授教學的後測雖有進步，但進步幅度不如繪本融入教學多，在基礎觀念認知方面，增加 4.67，在情境判斷認知方面，僅增加 2.29。

表 5-4　兩組學童之身體自主權認知量表前後測分數平均數差異

| 階段 | 分組 | 人數 | 平均數 | 標準差 | 前後測差距 |
|---|---|---|---|---|---|
| 繪本融入教學 | 基礎觀念前測 | 24 | 43.92 | 6.81 | ＋5.21 |
| | 基礎觀念後測 | 24 | 49.13 | 6.67 | |
| | 情境判斷前測 | 24 | 56.08 | 7.66 | ＋8.8 |
| | 情境判斷後測 | 24 | 64.88 | 6.66 | |

| 階段 | 分組 | 人數 | 平均數 | 標準差 | 前後測差距 |
|---|---|---|---|---|---|
| 課本講授教學 | 基礎觀念前測 | 24 | 41.54 | 10.03 | +4.67 |
| | 基礎觀念後測 | 24 | 46.21 | 6.54 | |
| | 情境判斷前測 | 24 | 57.71 | 6.81 | +2.29 |
| | 情境判斷後測 | 24 | 60.00 | 7.60 | |

　　進一步比較實驗組與對照組後測量表分數差異，在基礎觀念項目，實驗組後測平均數（M＝49.13）與對照組後測平均數（M＝46.21）沒有顯著性差異（$t$＝-1.53，$p$＝0.1329），但在情境判斷項目，實驗組後測平均數（M＝64.88）與對照組後測平均數（M＝60）達統計顯著差異（$t$＝-2.364），$p$ 值 0.022 小於 0.05，表示兩組學童在情境判斷項目差異顯著。

表 5-5　兩組學童之身體自主權認知量表後測的獨立樣本 t 檢定

| 階段 | 分組 | 人數 | 平均數 | 標準差 | 自由度 | $t$ 值 | 顯著性(雙尾) |
|---|---|---|---|---|---|---|---|
| 基礎觀念後測 | 繪本融入教學 | 24 | 49.13 | 6.67 | 46 | -1.53 | 0.1329 |
| | 課本講授教學 | 24 | 46.21 | 6.54 | | | |
| 情境判斷後測 | 繪本融入教學 | 24 | 64.88 | 6.66 | 46 | -2.364 | 0.022* |
| | 課本講授教學 | 24 | 60.00 | 7.60 | | | |

*$p$<0.05

　　兩組學童於身體自主權認知量表的後測成績，在基礎觀念項目未達顯著差異，表示兩組學童的身體自主權認知基礎觀

念,在進行教學實驗後差異不大,亦即運用繪本融入課程教學或採用課本講授教學對於基礎觀念的學習都能達到一定的學習效果。但在情境判斷項目的統計,呈現實驗組平均分數高於對照組且達統計的顯著差異,顯見教師運用繪本融入課程教學方式,在情境判斷的學習成效,比單純採用課本傳授知識的教學方式,更能讓學童學到知識且更有效果。

## 二、繪本融入課程之學生訪談分析

學生接受主題繪本融入性平教育課程後,針對實驗組男生14人,女生10人,共24位學童進行訪談,受訪者編碼如表5-6:

表 5-6 訪談學生編碼表

| 學生編號 | 性別 | 學生編號 | 性別 |
| --- | --- | --- | --- |
| EB01 | 男 | EG21 | 女 |
| EB02 | 男 | EG22 | 女 |
| EB03 | 男 | EG23 | 女 |
| EB04 | 男 | EG24 | 女 |
| EB05 | 男 | EG25 | 女 |
| EB06 | 男 | EG26 | 女 |
| EB07 | 男 | EG27 | 女 |
| EB08 | 男 | EG28 | 女 |
| EB09 | 男 | EG29 | 女 |
| EB10 | 男 | EG30 | 女 |

| 學生編號 | 性別 | 學生編號 | 性別 |
| --- | --- | --- | --- |
| EB11 | 男 | | |
| EB12 | 男 | | |
| EB13 | 男 | | |
| EB14 | 男 | | |

　　訪談題目共有八題，詢問三個面向問題，一是瞭解學童對於繪本融入教學的參與過程感受，二是瞭解繪本融入的授課方式對於學童學習過程的影響，三是探討此教學方式對於提升學童身體自主權認知的效果。訪談皆於徵求受訪者同意後，進行錄音和摘錄重點，訪談結束後，將訪談轉譯為逐字稿，但為求語句文字通順，於進行定稿繕打時，在不影響原意的前提下，將訪談逐字稿中無意義的語助詞刪除，於引錄訪談稿時，採用不同字體標示並註記受訪者編號。根據前述三個問題面向歸納訪談結果如下：

### （一）學童對於繪本融入教學的感受

　　訪談學童意見發現低年級學童大都喜歡教師採用繪本上課，繪本情節可將抽象的概念，藉由簡單生動的描述，讓學童瞭解教學需要傳達的知識概念。綜合訪談意見可歸納出學童喜愛繪本融入教學的原因，包括：喜歡聽故事、故事內容生動有趣、故事情境和生活經驗相似、有助於課本抽象概念的瞭解、聽故事比自己閱讀更有印象，分述各項意見如下：

1.喜歡聽故事

受訪的多數學童皆表示，喜愛教師運用繪本上課的第一個原因是喜歡聽故事，每個人從呱呱落地時，便喜愛聽大人說話，有故事性的內容能引人入勝，讓學童聽得津津有味，聽完父母唸完故事書後，還會自己翻閱繪本，即使未達識字年齡，但看著圖片也能回味父母口述的情節。進入學校後，若老師在課堂上採用繪本說起故事，學童彷彿沉浸在兒時聽故事的情境，表現出比其他課堂更專注的態度。引錄受訪學童提出的主要想法，例如：「我本來就喜歡看故事書，所以我也喜歡老師上課時說故事。（EB02）」、「我比較沒耐心看書，可是聽故事時會很專心聽。（EB10）」、「聽故事比自己看故事書有趣，因為老師會加動作，聲音也會不一樣，很喜歡這樣上課。（EG26）」

2.故事內容生動有趣

訪談發現學童喜愛教師運用繪本上課的第二個原因，是繪本的內容生動有趣，無論是大人或是小孩，對於新事物總是充滿好奇，這樣的好奇心驅使學童想一探究竟。打開繪本就像進入一個未知的奇幻世界，生動的情節吸引學童持續的閱聽，因此，挑選內容生動有趣的繪本作為課程輔助教材，並將繪本融入教學能讓課程更加吸引人。多數受訪學童都認為生動的故事是引起學習的重要原因，引錄相關意見，如下：「我覺得繪本內容很有趣，我想知道河馬最後有沒有被同學討厭，所以吸引我一直聽下去。（EB02）」、「我很好奇瑞希為什麼會討厭親

親,還有後來怎麼拒絕別人親她,所以我會一直仔細聽。(EB03)」、「老師說的故事內容很有趣,我會想在晨光時間再找那本書看看。(EB11)」、「我覺得聽老師說故事有開心的感覺,故事內容也很好玩,也學到如何保護自己和勇敢的拒絕。(EG21)」

3.故事情境和生活經驗相似

學童喜愛教師運用繪本上課的第三個原因,是故事情境和自己的生活經驗相似。雖然多數故事是虛構的情節,但兒童卻為此著迷,因為故事往往是現實與幻想巧妙而合理的結合而來,故事編者會從生活中取材,融入幻想,讓兒童可以和自身生活類比,一旦故事等同現實,他們不只是用耳朵聽,也會用身心感受與體驗,進而調整自身的思維與情感。因此,挑選能連結學童生活經驗的繪本,讓繪本融入教學更有學習意義。大部分學童都表示可以從繪本故事裡學會,當碰到事情的因應之道,例如:「我覺得我能懂這些道理!以後我遇到被別人隨便碰的事情,會主動說不要,也會跟大人說。(EB02)」、「原來每個人相處都有界線,大家都要互相尊重,就像跟別人借東西要先說,不能隨便。(EG21)」也有不少學童會回想自己過去的經驗作為對照和反省,並從生活經歷的情境,得到深刻的學習心得,例如:「我以前捉弄過同學,讓同學不開心,原來那也是侵犯同學身體界線的事。(EB04)」、「故事裡的事我也有遇過,下次我會學故事裡的解決方法試試看。(EB12)」、「我跟主角做過一樣的事,現在想想,如果是對

的事我會安心,但如果發現以前那樣不對,我會很不好意思,以後不會再做了。(EB10)」

4.有助於課本抽象概念的瞭解

學童喜愛教師運用繪本上課的重要原因,是能瞭解課本裡較抽象的概念。對於尚屬於認知發展具體運思期的低年級學童而言,需要實際的操作或體驗才能讓學習更聚焦、更有效果,但生活遭遇的情境,不可能事事都能發生或是預先演練,因此,運用簡易、具象且生活化的繪本內容,能讓學童對抽象概念有初步的理解。透過繪本情節,讓多數學童對於抽象概念有比較具體的瞭解,引錄學童回應的意見如下:「我原本不太知道課本提到的身體界線,聽完繪本說的例子,就比較清楚了。(EB02)」、「老師說課本上的圖是性騷擾時,我不太懂,聽老師說故事後,終於知道了。(EB13)」、「一開始不太懂身體自主權的意思,老師用繪本裡的圖和故事內容來解釋,我比較明白了,原來是自己主動保護身體的行為。(EG30)」

5.聽故事比自己閱讀更有印象

整理學童的訪談意見可以發現,對於剛接觸拼音與國字的一年級兒童而言,詞彙能力還在初級階段,所認識的詞彙量少,自己閱讀會比較吃力,經由教師的唸讀與解釋,能讓學童更容易學習到傳達的知識內容。例如受訪學童提到:「我比較喜歡老師說故事,自己看書遇到不懂的語詞,就會不太想繼續看下去。(EB08)」、「老師講故事時會解釋我不懂的地方,會讓我想一直聽下去。(EG23)」、「以前在家裡看過相同的

故事書,但媽媽沒空教我,我就不愛看書,現在老師講過後,我懂了!也可以自己看了。(EG29)」

綜上所述,學童喜愛教師運用繪本上課的原因,其中主要的成分是喜歡聽故事,藉由聽覺刺激學習更容易專心,而故事的情節能將抽象概念轉化為具體的生活情境,不僅能讓學童可以類比學習,也能更容易理解需要學習的觀念。可知對於低年級學童而言,採用繪本融入教學對於學習和生活情境相關的內容,更能彰顯成效。

## (二)繪本融入教學對於學童學習的影響

採用繪本融入教學的方式,藉由圖像解說和融入情境的學習,讓低年級學童樂於參與繪本融入教學的課堂,而且經由師生或同學之間共同討論繪本內容,提出自己的想法,也聽聽別人的說法,由教師引導學童互相交流,共同學習與成長。對於學生學習所帶來的影響,歸納如下:

### 1.增進表達意見和分享討論的能力

根據學童的訪談意見可知,繪本融入教學對於學童的另一個影響是增進與人分享討論的能力。在教學研究實施過程,課程設計加入提問和討論,隨著課程進度的週次,越到後面的週次,學生參與提問回答的頻率增加,而且表達的意見長度也漸增,代表經過繪本融入教學後,學童對於討論的題目逐漸能掌握重點,也能更專注聆聽和靜心思考,能從別人發言中學習對方所表達的意思,也讓自己的意見能更清楚的表達。例如有受

訪學童提到:「我以前常會聽話聽一半就去做事,結果還要再花時間重做一次,現在學會聽清楚再去做。(EB06)」、「我常常在上課時想說什麼就說,有時候老師也不太懂我說什麼,現在學會先想清楚再舉手說話。(EB08)」、「老師教我們故事有原因、經過和結果,我現在也會用這個方式來跟同學說事情。(EG21)」

2.啟發學童閱讀興趣

有效的引導是開啟學童學習興趣的不二法門,興趣就是最好的老師。繪本融入教學讓學童開始喜歡閱讀繪本,繪本內容往往運用學童喜愛的動物角色引起關注,並連結校園生活經驗,讓學童能愉悅而自然的走進閱讀這扇窗;當孩子們對閱讀感興趣之後,也就能興致盎然、持之以恆的沉浸在書海中。引錄學童提出的有關意見,例如:「老師說過的繪本我會再拿來看一看,也會主動拿其他的書來看。(EG02)」、「在老師說故事之後,我有到圖書館借書來看,因為故事書真的很好看。(EG24)」、「我覺得那本河馬和空間救星的故事書很好看,我會自己喜歡的書繼續看。(EG29)」

可知運用繪本融入教學,對於學童的影響有培養欣賞與創作的美感教育、增進意見表達及分享討論的能力、以及能啟發閱讀興趣,訪談提到最多認同的觀點是培養欣賞與創作的美感教育,繪本內容能帶給學童圖像及色彩刺激,除了聽覺啟發,還有視覺饗宴,讓孩子看到繪圖時,也能夠整合其他感官的體驗學習創作。閱讀素養的培育,除了重視學童的文字讀寫能

力，對於圖像的閱讀與詮釋也同樣重要。

## （三）對於提升學童身體自主權認知的效果

繪本故事內容能把抽象的概念具體化，讓學童學習更有效果，繪本故事內容亦能讓學童連結生活經驗，讓學習更具意義。歸納學童認為將繪本融入身體自主權認知教學所帶來的學習效果，包括：

### 1.提升身體自主權和身體界線的概念

根據訪談意見可知，繪本內容能有效提升學童的身體自主權和身體界線的認知，這兩個概念，對於處於具體運思期的一年級學童會比較抽象也難懂，透過繪本情境式的表述，將概念轉化成學童生活中會遇到的狀況和事件，能幫助孩子理解與接受，並思考如何進一步付諸行動。引述學童的訪談意見，說明如下：「一開始我不太懂身體自主權和身體界線是什麼，在老師說完故事後，比較清楚也開始懂了。（EB10、EB10）」、「故事書裡舉的例子，讓我知道什麼叫做身體自主權和身體界線。（EB02、EB10、EB26）」、「我們的身體周圍有一條線，我可以畫一條線，告訴別人，不讓別人碰到。（EB13、EG21、EG25）」、「故事書說我的身體是我自己的，可不可以給別人碰，是我自己可以決定的。（EB03、EG22、EG24、EG30）」

### 2.瞭解尊重他人的身體界線

分析學童的訪談可以發現，繪本內容有助於學童理解需要尊重他人身體界線的認知。透過繪本可以學到每個人的身體界

線都不相同，清楚知道自己的界線，同時也要能尊重他人的界線，才能在人際關係中既能保護自己，也能與他人建立良好的互動模式。身體界線不只是身體上的接觸，製造噪音是侵犯聽覺界線，展示不雅圖片，是侵犯視覺界線，這些也是學童容易出現的行為，透過繪本內容，能讓學童學習換位思考，探索真實的情境。歸納相同意見的陳述，列舉說明如下：「我們不可以隨便亂碰別人的身體，這樣是不對的，而且也會讓別人覺得不舒服。（EB02、EB05、EB10、EB13、EG21、EG24、EG26）」、「以前我會去笑同學跌倒，在老師上課說故事之後，才知道原來那也是不尊重別人的身體界線，我以後會改進。（EB06）」、「我以前會拍同學的屁股，跟他開玩笑，我以後不會了。（EB07）」、「以後我想要抱我很喜歡的同學，要先問過她。（EG21、EG25、EG28、EG29）」、「我討厭別人隨便摸我，所以我也不會隨便摸別人。（EG22、EG30）」

3. 知道如何拒絕不舒服碰觸的方法

面對不舒服碰觸時，學童都知道要跟大人說，但實際遇到時卻可能因為驚嚇過度而不知所措，透過繪本教學的引導與角色扮演，學童在模擬情境中演練拒絕的方式，可預先培養學童的生活技能，教導學童如何避開危險。歸納表達此類意見的相關陳述，說明如下：「故事書裡竟然有人叫別人碰他，那太變態了吧！如果有人跟我這樣說，我會走開！然後跟我爸爸說。（EB03、EB06、EB10）」、「以前別人亂碰我，我都不敢說，現在知道可以說出來，別人才不會一直這樣做。（EB07、

EB08、EG23、EG24、EG28）」、「我不喜歡別人搔癢我,會讓我生氣的事,我要跟他說不要。（EB04、EB09、EG22、EG29、EG30）」

訪談過程也請學童表示在經過繪本融入課程教學後,自覺對於身體自主權認知的瞭解程度,記錄 24 位學童的意見並予以統計如表 5-7：

表 5-7 學童身體自主權認知程度統計表

| 認知項目 \ 認知程度 | 完全瞭解 | 大部分瞭解 | 只有一點瞭解 |
| --- | --- | --- | --- |
| 身體自主權和身體界線的概念 | 15 | 5 | 4 |
| 知道尊重他人的身體界線 | 21 | 3 | 0 |
| 知道拒絕不舒服碰觸的方法 | 23 | 1 | 0 |

可知經過繪本融入身體自主權認知教學後,學童對於尊重他人身體界線以及知道拒絕不舒服碰觸的方法,顯然都能有很好的瞭解,雖然對於身體自主權和界線的概念尚有 4 位學童表示只有一點瞭解,但瞭解的學童人數還是居多。根據訪談意見表達,可知繪本內容兼具「認知」、「情意」和「技能」的傳遞,不僅提升學童身體自主權認知,亦能潛移默化培養學童尊重他人身體界線的態度,更能具體指導學童如何拒絕不安全的碰觸,有助於促進學童在觀念和行為上的成長。

## 伍、結論

根據前述教學研究結果，歸納本文研究結論與建議，分述如下：

一、運用繪本融入性平課程教學，對於國小低年級學童學習身體自主權認知有成效。

根據身體自主權認知量表前後測結果分析，繪本融入教學的實驗組學童對於身體自主權認知的平均數改變，比課本講授教學的對照組改善幅度大。代表透過繪本融入性平課程教學方式，因繪本內容吸引人且與生活結合的特質，能有效促進學童身體自主權認知的學習成果。輔以質性訪談分析，可知學童認為繪本可引發學習興趣，在學習上有加乘效果，透過繪本的閱讀，學生能將故事人物情節與真實生活情境產生投射，能將身體自主權認知的抽樣概念轉化為生活中的應用，尤其對於情境的理解有更明顯的影響。因此，運用繪本融入性平教育課程，可以提升學童對於身體自主權認知的學習成效。

研究過程採用的導讀繪本，皆是與學校生活相關的情境，例如《喜歡妳，為什麼不能抱抱妳？》及《不！別亂碰我的身體！》兩本書引發班上學童討論熱烈，不少學童曾有類似的經驗，容易引起共鳴和討論迴響，觀察學童在課堂的反應，可以感受到正確的身體自主權認知，已在學童心中萌芽。而與家人相處有關的《不要就是不要！》這

本書引發學童不同角度的思考，在提問和討論過程會發現學童對於身體自主權認知的盲點，經常是學童對於長輩的擁抱，即使感覺不舒服也不敢拒絕或不敢說，加上父母或是家中長輩對於兒童不舒服感受的長期漠視，容易造成兒童對於身體自主權的錯誤觀念。經由繪本情節連結學童的生活經驗，不僅能適時澄清模糊認知，也能及時導正錯誤觀念，可有效促進低年級學童對於自己身體自主權認知的能力。

二、繪本融入教學與課本講授教學兩種方式，對於國小低年級學童身體自主權認知基礎觀念未達統計上顯著差異，但在情境判斷達到顯著差異。

分析實驗組與對照組身體自主權認知量表的前、後測改變，發現採用「繪本融入教學」之實驗組與「課本講授教學」的對照組前後測分數，經過八週教學後，後測分數皆比前測高，顯示兩組學童皆有學習進步，顯示兩種教學方式都能讓學童學習到保護自身安全的基礎觀念。只是採用課本講授教學的進步幅度，不如繪本融入教學的成效大。

進一步分析身體自主權認知量表的基礎觀念題組與情境判斷題組的差異，發現兩組學童在基礎觀念部分未達統計上顯著差異，但是在情境判斷部分課本講授教學的學習結果，並不如繪本融入教學的改變明顯。代表透過繪本融入性平課程教學方式，更能讓學童在日常生活的身體碰觸

做出正確的判斷，有效提升學童在生活情境上的身體自主權認知。印證訪談結果更能理解，將繪本融入教學能以故事情境投射學童生活境遇，能引發學童提出自身經驗與同儕交流，尤其有共鳴的部份往往能引起熱烈討論。由於繪本內容與學童生活經驗有連結，在繪本導讀過程，教師能引發學童討論和思考，繪本教學過程設計的討論和角色扮演活動，能將知識立體化，讓學習與生活有更緊密的結合。最終經由繪本隱含的教育意義，提供學童能同理瞭解的情境，進而導正偏差的觀念，建立與人合宜的互動行為。

三、國小低年級學童喜愛繪本融入課程之教學方式，進而提升閱讀興趣。

根據質性訪談結果可知，國小低年級學童比較喜愛繪本融入教學的授課方式，大部分學童提到的原因有喜愛聽故事、故事內容有趣且與自己生活有關、繪本能將難懂的知識故事化、圖像精美引人入勝，以及能參與角色扮演與分享討論等，相較於課本講授方式更能吸引低年級學童投入學習。因為學童喜愛繪本，引發其學習動機與興趣，在學習上具有加乘的效果，透過繪本的閱讀，學生能感同身受和故事中的人物產生投射，也印證陳宛琦（2018）、林惠娸（2019）、賴媛伶（2019）等研究，提出對於繪本應用於教學上的正向價值。教學過程中，研究者也觀察到學童投入課程的行為，像是侃侃而談自己與家人間身體碰觸的事件和感受，或是誠實說出自己以前不合宜的肢體互

動,也有人會提出有別於繪本內容的想法等等。學童會因為繪本故事的啟發,引起閱讀相關繪本的興趣,從而提升主動閱讀的興趣。

實驗組學童在經過繪本融入性平教育課程教學後,於身體安全認知量表的基礎觀念和情境判斷項目前後測得分,均有顯著的提升,且標準差變小,表示透過教師導讀繪本、角色扮演活動及同儕間的交流討論,學童對教科書提及的身體安全認知有更具體的瞭解,並有立即性效果。身體安全教育是非常生活化的主題,不能單憑教科書裡的闡述就發揮效果,必須與學童生活產生連結才能產生實質幫助。因此,師生彼此對話加上有探索、引導和統整的教學方式,比較容易引起學童共鳴,學童也願意把自己的想法說出來,同儕之間能在學習歷程中,獲得刺激並重新檢視,可再次釐清對於身體自主權認知的正確想法。

## 陸、建議

根據前述研究發現,本文研究提出繪本融入性平教育之建議,包括:
一、繪本融入性平教育課程可運用於初階的預防學習階段。

本文研究採用繪本作為傳遞身體自主權認知的重要媒介,在八週的繪本融入教學過程中,學童總是熱切參與且

興致高昂，因此後續的交流討論發表熱絡，角色扮演躍躍欲試，多數學童亦在訪談中表示喜愛繪本融入課程的教學方式。此外，繪本融入教學的學習成效也比傳統講授教學，有更明顯的學習效果。因此，將繪本融入性平教育課程，可運用於學校推動性別平等教育的課堂教學。

二、將繪本融入性平教育教學可增加沉浸式的課程設計。

本次實驗教學搭配適宜學童程度的主題繪本與教學方式，設計適合學童的教學內容，除了已採用之引導、假設、提問、角色扮演等活動，建議可增加生活實踐家活動，使學童於沉浸式學習環境中，自然而然成為習慣，可讓學童對於身體自主權認知的學習，產生持續性的效果。

三、對於教師挑選繪本融入性平教育教學的建議。

低年級學童喜愛動物擬人化角色，逗趣的模樣能吸引他們的注意力，且學童的生活經驗與家人和同學密切相關，因此，在挑選繪本內容時，建議可考量具備內容情節與圖像優美的繪本作品，運用繪本容易閱讀和生活化情境的特點，引導學童學習如何做、正確做和適合做的判斷，不僅能引起學童閱讀興趣，也能養成文本閱讀的習慣。學校圖書館提供符合學童閱讀程度以及內容精彩的繪本，就是最好的課程輔助教材。

本文研究課程進行的時間為每週一節，囿於學期課程安排的時間限制，僅以八週教學成果進行探討，研究結果僅供同質性場域和類似對象之教學參考。且本文研究研究對象為國小一

年級學童，不宜過度推論至其他對象，因此，建議未來研究可考量以不同地區、不同年級學童為研究對象，參考其先備經驗及城鄉差距，調整課程主題與內容，以發展國內性別平等教學的實證研究成果，促進對於性別平等的認知和健康觀念。

　　後記：本文曾發表期刊論文，經重整文字後完成。原刊載期刊：林巧敏、邱稚妍（2023）。繪本融入國小性平教育課程對於低年級學童身體自主權認知之影響。教育資料與圖書館學，60（3），263-294。

## 參考文獻

Abolghasemi, N., MerghatiKhoei, E., & Taghdissi, H. (2010). Teachers' perceptions of sex education of primary school children. *Journal of School of Public Health and Institute of Public Health Research*, 8(2), 27-39.

Axell, C., & Boström, J. (2021). Technology in children's picture books as an agent for reinforcing or challenging traditional gender stereotypes. *International Journal of Technology and Design Education*, 31(1), 27-39.
https://doi.org/10.1007/s10798-019-09537-1

Barimani Aboksari, Z., Ganji, J., Mousavinasab, N., Rezaei, M., & Khani, S. (2020). A review study on educational interventions promoting sexual health of children under 12 years. *Journal of Pediatrics Review*, 8(2), 107-120.

https://doi.org/10.32598/jpr.8.2.107

Brussino, O., & McBrien, J. (2022). *Gender stereotypes in education: Policies and practices to address gender stereotyping across OECD education systems* (OECD Education Working Papers, No. 271). OECD Publishing.

https://doi.org/10.1787/19939019

Finkelhor, D. (2009). The prevention of childhood sexual abuse. *The Future of Children*, 19(2), 169-194.

https://doi.org/10.1353/foc.0.0035

Finkelhor, D., Vanderminden, J., Turner, H., Shattuck, A., & Hamby, S. (2016). At-school victimization and violence exposure assessed in a national household survey of children and youth. *Journal of School Violence*, 15(1), 67-90.

https://doi.org/10.1080/15388220.2014.952816

Goldman, J. D. G. (2013). International guidelines on sexuality education and their relevance to a contemporary curriculum for children aged 5-8 years. *Educational Review*, 65(4), 447- 466.

https://doi.org/10.1080/00131911.2012.714355

Grossman, H., & Grossman, S. H. (1994). *Gender Issues in Education*. Allyn and Bacon.

Gushwa, M., Bernier, J., & Robinson, D. (2019). Advancing child sexual abuse prevention in schools: An exploration of the effectiveness of the enough! Online training program for K-12 teachers. *Journal of Child Sexual Abuse*, 28(2), 144-159. https://doi.org/10.1080/10 538712.2018.1477000

Hermann, J. M., & Vollmeyer, R. (2022). Gender stereotypes: Implicit threat to performance or boost for motivational aspects in primary school? *Social Psychology of Education: An International Journal*, 25, 349-369. https://doi.org/10.1007/s11218-022-09693-8

Igbo, J. N., Onu, V. C., & Obiyo, N. O. (2015). Impact of gender stereotype on secondary school students' self-concept and academic achievement. *SAGE Open*, 5(1). https://doi.org/10.1177/2158244015573934

Kang, S. R., Kim, S.-J., & Kang, K.-A. (2022). Effects of child sexual abuse prevention education program using hybrid application (CSAPE-H) on fifth-grade students in South Korea. *Journal of School Nursing*, 38(4), 368-379. https://doi.org/10.1177/1059840520940377

Kimberly, C. (2020). "My Body, My Boundaries": The impact of a new sexual health program on elementary age children and parents in Mississippi. *Journal of Applied Research on Children: Informing Policy for Children at Risk*, 11(2), Article 1.

https://doi.org/10.58464/2155-5834.1382

Lan, C.-H. (2007). Effects of listening to storybooks on sex-typing of Taiwanese young children from Tainan County: A preliminary study. *Journal of Tainan University of Technology*, 26(1), 99-113.

https://doi.org/10.6970/JTUTHSM.200709.0099

Mantzicopoulos, P., & Patrick, H. (2011). Reading picture books and learning science: Engaging young children with informational text. *Theory Into Practice*, 50(4), 269-276.

https://doi.org/10.1080 /00405841.2011.607372

MerghatiKhoei, E., Abolghasemi, N., & Taghdissi, M. H. (2013). Sexual health of children: A qualitative study on the views of parents. *Scientific Journal of School Public Health*, 11(2), 65-74.

Ogle, S., Glasier, A., & Riley, S. C. (2008). Communication between parents and their children about sexual health. *Contraception*, 77(4), 283-288.

https://doi.org/10.1016/j.contraception.2007.12.003

Pearson, M. B. (2005). Speaking to their hearts: Using picture books in the history classroom. *Library Media Connection*, 24(3), 30-32.

Pressley, M. (1977). Imagery and children's learning: Putting the picture in developmental perspective. *Review of Education*

*Research*, 47, 585-622.

https://doi.org/10.3102/00346543047004585

Sanders, J. (2015). *No means no! Teaching children about personal boundaries, respect and consent: Empowering kids by respecting their choices and their right to say 'no!'*. Upload Publishing.

Shu, Y., Hu, Q., Xu, F., & Bian, L. (2022). Gender stereotypes are racialized: A cross-cultural investigation of gender stereotypes about intellectual talents. *Developmental Psychology*, 58(7), 1345-1359.

https://doi.org/10.1037/dev0001356

Sipe, L. R. (2002). Talking back and taking over: Young children's expressive engagement during storybook read-alouds. *The Reading Teacher*, 55(5), 476-483.

Stone, E. A., Brown, C. S., & Jewell, J. A. (2015). The sexualized girl: A within-gender stereotype among elementary school children. *Child Development*, 86(5), 1604-1622.

https://doi.org/10.1111/cdev.12405

Strouse, G. A., Nyhout, A., & Ganea, P. A. (2018). The role of book features in young children's transfer of information from picture books to real-world contexts. *Frontiers in Psychology*, 9, Article 50.

https://doi.org/10.3389/fpsyg.2018.00050

Thompson, E. L., Zhou, Z., Garg, A., Rohr, D., Ajoku, B., & Spence,

E. E. (2022). Evaluation of a school-based child physical and sexual abuse prevention program. *Health Education & Behavior*, 49(4), 584-592.

https://doi.org/10.1177/1090198120988252

Zhang, W., Chen, J., & Liu, F. (2015). Preventing child sexual abuse early: Preschool teachers' knowledge, attitudes, and their training education in China. *SAGE Open*, 5 (1).

https:// doi.org/10.1177/2158244015571187

BBC NEWS（2017年10月11日）。好萊塢之「神」墜落：大製片人哈維・韋恩斯坦身陷性騷擾醜聞。https://www.bbc.com/zhongwen/trad/world-41563536

Geisler, D.（2019）。**請不要摸我的身體！**（朱庭儀譯）。韋伯。（原著出版於 2012 年）

Howes, K.（2021）。**瑞希不喜歡親親**（吳羽涵譯）。東雨文化。（原著出版於 2021 年）

Jones, C.（2019）。**你離我太近了，請給我一點空間！**（黃婷涵譯）。大穎文化。（原著出版於 2018 年）

Sanders, J.（2017）。**不要就是不要！**（楊佳諭譯）。小魯。（原著出版於 2015 年）

Seth, R.（2018年12月28日）。#MeToo 好萊塢層出不窮的性騷擾醜聞真的只是冰山一角嗎？VOGUE Taiwan。https://www.vogue.com.tw/feature/content-44904

王義仕（2017）。**性教育繪本教學活動對提升幼兒身體自主權**

既界限概念認知與反應之成效研究（未出版之碩士論文）。樹德科技大學人類性學研究所。

王嬿茹（2016）。**運用繪本實施國中性別平等教育之行動研究——以「性別刻板印象」為核心**（未出版之碩士論文）。國立臺中教育大學教育學系課程與教學碩士在職專班。

何三本（編著）（2003）。**幼兒文學**。五南。

吳宗穎（2022）。淺談教育本質上性別主流化的力量——從歧視與性別刻板印象威脅觀點討論。**性別平等教育季刊**，96，144-152。

李賢惠（2018）。**喜歡妳，為什麼不能抱抱妳？**（悅瑄譯）。童夢館。（原著出版於 2015 年）

李賢惠（2021）。**不！別亂碰我的身體！**（賴毓棻譯）。童夢館。（原著出版於 2020 年）

性別平等教育法（2023 年 8 月 16 日）。全國法規資料庫。https://law.moj.gov.tw/LawClass/LawAll.aspx?pcode=H0080067

性別平等教育法施行細則（2019 年 4 月 2 日）。全國法規資料庫。https://law.moj.gov.tw/ LawClass/LawAll.aspx?PCode=H0080068

林玫君（2019 年 9 月 20 日）。隱私處與身體界限的概念指導。**國語日報**，16 版。

林惠媜（2019）。**紙本與電子繪本對於國小一年級學童閱讀素養與閱讀理解之影響**（未出版之碩士論文）。國立政治大

學圖書資訊學數位碩士在職專班。

徐瑋憶（2016）。**電影融入教學探究國小高年級學童性別認同及性別刻板印象之研究**（未出版之碩士論文）。國立高雄師範大學教育學系。

國家教育研究院（2019）。**十二年國民基本教育課程綱要國民中小學暨普通型高級中等學校議題融入說明手冊**。教育部。

章淑芬（2016）。**高雄市國小學童性別刻板印象與職業興趣之研究**（未出版之碩士論文）。國立高雄師範大學教育學系。

陳如音（2022）。去性別刻板印象與性別歧視——從禮俗、日常觀念與校園的互動觀察。**國立臺中科技大學通識教育學報**，9，57-74。https://doi.org/10.7052/JGE.202212_(9).0003

陳宛琦（2018）。**運用繪本教學提升國小二年級學生的環境覺知與環境態度之研究**（未出版之碩士論文）。國立臺南大學教育學系學校經營與管理教學碩士班。

陳怡螢（2015）。**繪本融入情緒教育教學方案對國小三年級學生情緒調整影響之研究**（未出版之碩士論文）。國立臺南教育大學教育學系課程與教學碩士班。

陳昱君、李沛芠、房芝君、張彥瑜（2021）。國小校園中性別刻板印象之探討：聚焦於教科書及學習活動。**臺灣教育評論月刊**，10(11)，116-122。

黃青鋒（2016）。**裡外夾殺的性別平等教育：某國小高年級實施「多元性別教育」課程之行動研究**（未出版之碩士論文）。世新大學性別研究所。

黃漢青、陳素杏（2007）。導入繪本教學法輔助國小學童寫作發展之分析研究。**出版與管理研究**，3，75-104。

劉家伶（2017）。**同志教育實施於國小高年級之行動研究**（未出版之碩士論文）。國立高雄師範大學性別教育研究所。

潘慧婷（2010）。**身體搜查線——國小中年級身體教育之行動研究**（未出版之碩士論文）。國立屏東教育大學教育學系。

蔡淑君（2020）。**實施性別平等教育對一年級學童身體自主權認知之影響**（未出版之碩士論文）。國立臺北教育大學社會與區域發展學系碩士班。

衛生福利部保護服務司（2022）。**性侵害事件通報被害及嫌疑人概況**。https://dep.mohw.gov.tw/DOPS/lp-1303-105-xCat-cat02.html

鄭竹秀（2015）。**國內使用繪本教學介入兒童語言能力成效之後設分析**（未出版之碩士論文）。國立臺中教育大學幼兒教育學系早期療育碩士在職專班。

蕭如婷（2012）。校園性騷擾再犯預防課程發展之行動研究。**性別平等教育季刊**，57，115-122。

賴媛伶（2019）。**以「繪本與童話」實施性別平等教育對低年級學童性別刻板印象之影響**（未出版之碩士論文）。國立臺北教育大學社會與區域發展學系碩士班。

# 第六章　繪本創作融入美感教育之教學實例

林巧敏[9]

吳香縋[10]

　　本文旨在探討繪本創作融入藝術與人文領域美感教學對於國小學生創造力學習的影響，研究採兩組前-中-後測的準實驗研究法，以兩班共 45 名國小六年級學生為研究對象，於藝術與人文課程分別實施「一般課程教學」以及「繪本創作融入教學」。教學後進行創造思考測驗及創作力評析之量化分數比較，並輔以質性訪談瞭解學生對於課程實施的意見。研究結果顯示，「一般課程教學」和「繪本創作融入教學」對於學生視覺藝術創作展現的「色彩與元素」、「技法與表現」與「作品傳達」皆有相同的提升，但在「繪本創作融入教學」後，學生的創造思考測驗平均數提高，前後測分數達到顯著差異；學生認為「繪本創作融入教學」對於創造力學習有比較深刻的學習體驗。

---

[9] 國立政治大學圖書資訊與檔案學研究所教授
[10] 新竹縣嘉豐國小教師

## 壹、前言

　　21 世紀是以腦力為主的知識經濟時代，培養創造力成為當代世界各國教育的重要趨勢（Vong, 2008），未來教育工作的重心會放在創造力教育上。創造力是一種發散性思考，是面對問題解決所展現的思維模式，但創造力是可以學習的，可以透過營造適宜的創造性環境，或進行創造思考教學活動，而促進啟發創造力，並成為未來的人才（張玉佩，2002；Harrison, 2004）。

　　我國現行教育體制中，創造力僅以「資賦優異相關之特殊需求領域」課程列入十二年國民基本教育課程綱要中，因此除資優學生外，一般學生較難有機會進行正式的創造力相關學習活動。而在藝術與人文領域的課綱中，明文強調透過多元的藝術學習，以及美感經驗累積，能以學生為中心培養感知與審美思考的能力，並提升他們的創意表現能力，以豐富學生的藝術涵養和美感素養（教育部，2018），因此，藝術與人文領域的學習活動是一般學生學習、培養創造力的關鍵。創造力的學習有許多不同的方式，包含教導學生運用創造思考策略與技巧、結合學科知識的應用與學習環境的營造等，藝術與人文領域即是透過結合學科知識的應用來進行創造力學習的方式。是以，本文研究在於藝術與人文領域的教學活動中，運用不同教學內容設計，探討不同教學內容對於啟發學生創造力的差異。

　　臺灣近年來提倡美感教育，並期望透過藝術課程，培養學生的創意思考與美感鑑賞能力。然而，教學現場普遍使用出版

商提供的材料包進行實作，學生只需依照固定步驟操作，使用已挑選好的材料進行組裝、著色，最終完成相似性極高的模組作品，這種教學方式不但在作品呈現上缺乏創意與獨特性，也難以促進學生的創意思考能力，在這樣的教學過程中，學生往往缺乏對於材料、顏色、形狀等要素的探索與發掘，缺乏創造力的養成，也無法從中獲得美感教育所期望的體驗與啟發（于承平，2013；王春綢，2020）。因此，如何在國小的藝術與人文課程中注入更多元的元素、鼓勵學生探索、發揮創造力，是一個值得關注的議題。

在美感教育中，繪本創作為教學常見的媒材之一，透過繪本教學，可以啟蒙幼兒的圖像思考、培養學童的審美觀（蘇振明，2002），且能夠給予學生對想像力與創造力的刺激（Kiefer, 1995），透過多元、豐富的圖文，除了能讓學習者享受故事所帶來的啟發外，同時也形成培育創造力發展的狀態（Lin, 2012）。繪本作為一種豐富的視覺敘事媒介，具有許多潛在的創造力啟發效果，繪本教學可以提高學生的想像力、創意思考、把握故事脈絡和表達能力等多個方面的能力（Evans, 2009；Olsson, Dahlberg & Theorell, 2015；Wong, Cheung & Chiu, 2021；Youngs & Kyser, 2021）。因此，本文研究希望透過探討學生在繪本創作過程的創造力表現，瞭解繪本創作對學生創造力的影響，期望本文研究結果能夠為未來的教學現場提供實質性的參考和啟示。本文研究目的在於：

一、探討於國小高年級藝術與人文領域課程運用「繪本創作融

入教學」與「一般課程教學」兩種方式，對於學生創造力表現以及視覺藝術創作展現的差異。

二、瞭解國小高年級學生參與繪本創作融入教學後，對於教學過程之意見與感受。

## 貳、文獻探討

### 一、繪本創作及繪本教學理論

繪本又稱圖畫書，英文稱為「picture books」，指以「圖畫」為主體表現的書。繪本是由一組連續的圖畫與文字語言組成，藉由圖畫的藝術與文字的美學述說各種主題的故事（Kiefer, 1982）。根據繪本內容形式，可歸納為兩大類：一是有圖畫的書，指以圖畫為內容主體用來表現主題或概念的書籍，透過視覺元素來傳達資訊，具有一目了然的特點；另一類稱為兒童文學畫本，是以兒童為受眾進行內容設計的精美圖畫書，通常包含有大版面的圖畫或插圖，並搭配簡淺易懂的文字，旨在引起兒童的閱讀和觀賞興趣（蘇振明，2002）。歸納蘇振明（1998）、林敏宜（2000）、黃秀雯與徐秀菊（2004）等人對於繪本內容特性的介紹，歸納兒童繪本的特點，包括：兒童性、教育性、藝術性、傳達性、趣味性、文學性、想像性、創意性、延展性、文化性、探索性、主題性、變化性等。

良好的繪本圖像可以刺激美感與創造力，徐素霞（2002）

對於繪本的圖像視覺提出九項判斷重點：1.形式表現、技法、媒材；2.角色塑造與角色造型；3.表情語言及肢體動態；4.色彩；5.圖像結構與時間節奏；6.畫面呈現；7.作者意念與風格表現；8.圖像與文字互動；9.封面與扉頁。許馨文（2016）對於手製繪本創作的圖像視覺要素，提出五項要點，包括：線條、色彩、空間、形狀與造型、媒材與技法等。

　　繪本具有豐富的圖像和生動的故事情節，可以為感官和生活經驗不足的兒童帶來豐富的閱讀體驗和知識，拓展他們的視野和想像力，促進他們的身心發展。繪本不僅能協助學童學習知識，同時也有助於啟發幼兒的圖像思考能力，培養學童的審美觀，促進學童的語言發展，增進學童的社會適應能力，並且有助於加強親子和師生之間的關係（Evans, 2009；Olsson, Dahlberg & Theorell, 2015；蘇振明，2002）。繪本可以透過簡單明瞭的圖畫和文字，將生活中相對較為複雜的事物和人物形象進行濃縮和整理，能夠突出人物和事件的特徵和內涵，這樣的設計讓學童能夠很容易地從繪本中理解和感受到其中的真義，比如繪本中的人物、動物、植物等，都能透過簡單的插圖和生動的文字描述，讓學童更深入地瞭解它們的特徵、性格和習性，從而促進孩子的認知發展和情感成長（Prain & O'Brien, 2000；鄭明進，1996）。

　　繪本的創意性不僅體現在文字與插畫的結合上，更在於故事情節、角色造型、情境設定等方面的創造。透過繪本的呈現方式，讀者可以激發出創意思維，啟發對世界的想像力，培養

創造性的素養；繪本還具有多方面的功能，可協助孩童的成長發展，促進語言、認知、人格與社會互動的學習（Wong, Cheung & Chiu, 2021；Youngs & Kyser, 2021）。尤其是對於語言的發展，繪本提供了豐富多樣的語言素材和表達方式，有助於孩童掌握語言技能，擴展詞彙量和加強語言表達能力，在認知發展方面，繪本通過圖像和文字的呈現，能夠激發孩童的好奇心和想像力，促進其對事物的認知和理解能力（周文敏，2004）。因此，繪本有助於培養孩童的情感和價值觀，幫助其形成正確的人格發展，繪本亦能透過情境和角色塑造，幫助孩童理解社會規則和關係，提高人際互動技能和解決問題的能力（方淑貞，2010）。

教師在繪本教學中，應是著重於為學生創造討論和分享的空間，並且透過設計延伸活動，增加教學的創意和趣味，讓學生在閱讀繪本後能夠深入思考，並能夠從不同角度去理解和詮釋故事內容，從而提高他們的創造力和想像力。徐季玲（2003）提出七類運用繪本教學的延伸活動設計，包括：語文活動、數學邏輯、自然活動、音樂、美勞藝術、戲劇活動和討論。其中美勞藝術活動是透過運用圖畫、繪畫來表達內心想傳達的訊息或想說的話，動手製作繪本更是常見的表現方式。

承上所述，繪本是兒童取向、強調視覺化的文學作品，透過圖畫來簡化、濃縮各種形象，有助於啟發學童的語言與認知發展，以及提供感官與社會經驗，因此，具備了良好的教育價值。而在繪本教學中，需要營造彈性、自由的氣氛與環境，並

透過開放性的引導問題引發學生的想像與創造力。尤其是繪本創作過程，除了有外在型式的製作，繪本內容的創作也是對於學生創造力發展的重點，繪本內容包含文字創作、圖像創作與媒材技法，因此，藉由繪本創作教學過程，可以培養學童對於外在型式的美感設計以及內容故事的創作。

## 二、創造力之意涵及評量

創造力的定義為「在問題情境中超越既有經驗，突破習慣限制，形成嶄新觀念的心理歷程；以及不受成規限制而能靈活運用經驗以解決問題的超常能力」（張春興，2007）。創造性的行為是依內在與外在的刺激所引起的反應，包含文字、符號或事物，產生至少一種以上獨特的組合以增強反應或反應類型（Parnes, 1966）。創造力是指能夠有意識地將不同的事物、觀念等結合起來形成新的關係，並透過這種創造性的過程，產生新的價值和意義（Wiles, 1985）。創造力不是一種單一的、靜態的能力，而是一個動態的過程，涉及不同的認知和思考方式，可以從理性和邏輯思維到直覺和想像力的過程中產生，故而必須進行整合和統一才能真正理解和實現創造力的潛力（Gowan, 1972；Clark & Zimmerman, 1983）。創造力也是基於個人的知識和人格特質，並運用創造技能來表現流暢、變通、獨特、精進的能力，這種能力能夠產生新穎、獨特、稀奇、與眾不同並有助於個人和他人的產品、觀念和行為（李錫津，1987）。因

此，創造力的內涵，包含八個面向（毛連塭等人，2000）：

（一）能夠產生新的、原創的、未曾有過的想法或事物；

（二）能夠具有創造性生活方式的能力；

（三）解決問題的能力；

（四）在思考歷程中能有創造性事物的產出；

（五）創新與問題解決的能力；

（六）與個人人格有關的傾向，那些具有創造傾向的人能更有效地發揮其創造力；

（七）創造力是將可連結的要素加以聯合或結合成新關係的能力；

（八）創造力是個人整體的綜合表現。

　　國內創造力評量的工具，包含「威廉斯創造力測驗」與「陶倫斯創造思考測驗」，Williams、Harlow 與 Borgen（1971）開發一套評量工具，旨在評量孩童在配合認知情意互動教學模式下的創造力進步情形。國內學者林幸台與王木榮（1994）對於威廉斯創造力測驗進行修訂，修訂版本包含三種子測驗：第一種為「威廉斯創造性思考活動」，主要測試認知相關的創造力；第二種為「威廉斯創造性傾向量表」，評估情感相關的創造力；第三種為「威廉斯創造性思考和傾向評定量表」，由教師、家長進行檢核，用以評估孩童創造力的態度。另一常用評量工具為陶倫斯創造思考測驗（Torrance Tests of Creative Thinking，簡稱 TTCT），是由美國心理學家 Torrance、Safter 與 Ball（1992）所編製，測驗題目為開放式問題，並沒有明確的標準答案，主要是用來測量受試者的擴散性思考。透過

測驗結果,可以瞭解受試者的創造思考過程、創造品質以及創造人格等相關資訊(李乙明,2006)。

綜合上述文獻,創造力為無特定、單一定義的心智能力,主要為個人在情境中面對問題、解決問題所展現的認知、情意與技能的綜合表現,因此在教學過程中,可依據學生所展現的各項創造力相關的能力來瞭解學生整體創造力的改變情形。對於創造力之評量,依測驗目的觀之,威廉斯創造力測驗為評量受試者創造力行為的進步情形,陶倫斯創造思考測驗則是測量受試者對問題關係的發現和對問題解決方法的創造能力。考量本文研究目的為瞭解國小高年級學生分別在參與不同的教學方式後,在創造力表現上的差異,陶倫斯創造思考測驗的測驗目的與本文研究目的所欲測量的概念較為相符,因此,本文研究採用陶倫斯創造思考測驗進行國小高年級學生創造力表現的測量。

## 三、繪本創作融入藝術與人文領域教學之研究

近年運用繪本創作融入藝術與人文領域教學之相關研究,以學齡前兒童進行教學指導的有徐庭蘭、郭靜緻(2007)探討創造性藝術教學活動,對幼兒創造力表現的影響,研究以幼兒園大班學生為研究對象,採用「威廉斯創造思考活動測驗」及「教學觀察紀錄表」等進行資料蒐集,研究結果顯示實驗組與控制組在「流暢力」、「獨創力」及「整體表現」上,達到顯著差異,且實驗組皆優於控制組,呈現出有效運用創造性思考

教學策略及正向的回饋方式,對於促進幼兒創造力表現有正面影響。

　　國內採用行動研究法探討圖畫書教學對於國小學童創造力的影響,有阮佳瑩(2004)是以三年級學生為對象,進行創造性繪本教學的行動研究,採用「十二格漫畫創造力評分表」、「創造性繪本創造力評分表」、「創作十二格漫畫後的感想」、「創作創造性繪本後的心得」進行相關數據的蒐集。研究結果顯示創造性繪本教學的實施,對於學生創造力的「流暢性」、「敏感性」、「靈活性」、「獨創性」、「精進性」和「再定義性」有提升的效果。林宥榕(2009)是以國小二年級學生為對象,運用圖畫書教學方案進行約四個月教學,採用「陶倫斯擴散思考測驗圖形版」及「閱讀學習單」、「學習回饋表」、「學生作品」、「訪談」、「學生觀察紀錄表」、「教師省思札記」等進行資料蒐集,研究結果顯示圖畫書的教學對於學童「流暢力」、「變通力」、「獨創力」和「精進力」之創造力表現有啟發的效果。

　　教師於課堂導入繪本創作教學,自是希望瞭解繪本教學模式對於學生從事繪本創作的能力、創造力、寫作以及問題解決能力的影響。因此,有採用教學實驗研究法,側重比較教學前後學生學習成效的差異。周文敏(2004)以國小四年級學生為對象,採用「新編創造力思考測驗」、自編「圖畫書插畫創作評定量表」分析繪本教學對於學童創造思考能力的改變,但結果顯示創造力圖畫書教學對於「流暢力」、「變通力」的語文

創造力，及「變通力」、「精進力」的圖形創造力能有效提升，而「獨創力」的語文創造力以及「流暢力」與「獨創力」的圖形創造力，則無顯著差異。

陳嬿如（2008）同樣採行實驗研究法，探討創造性繪本教學方案對於國小低年級學生創造認知及情意能力的影響，研究設計分成創造性繪本教學組、一般繪本教學組、控制組三個組別，採用「威廉斯創造性思考活動」、「威廉斯創造性傾向量表」為評量工具，並以「單元回饋表」、「課程總回饋表」、「學生作品」、「學生訪談問卷」及「教師省思札記」蒐集質性資料，研究結果顯示創造性繪本組與一般繪本組在「開放性」、「變通力」、「精進力」、「標題」上有提升效果；創造性繪本組與一般繪本組在「冒險性」、「好奇性」、「想像力」、「挑戰性」有提升效果。至於比較男女學童學習成效的差異，則有林慈瑋（2008）以「新編圖形創造思考測驗」、「學習單評量記錄表」進行量化資料蒐集，研究結果顯示在教學實施後，學生整體的創造力有增加的趨勢，而男生在「流暢力」、「變通力」、「獨創力」方面改變的幅度比女生高，女生則是在「精進力」比男生改變大。

綜合上述研究可知，繪本教學於 2003 年起已被應用於我國幼兒園與國小的課程教學中，並對於學生的創造力有正向的提升，惟在國小階段中，尚乏對於國小高年級學生進行探討，也缺乏在藝術與人文領域教學課程融入繪本創作教學的實驗比較。因此，本文期望藉由在藝術與人文領域教學課程融入繪本

創作教學為研究變項，探討不同教學方式對於學生創造力學習的影響。

## 參、研究設計與實施

### 一、研究方法

#### （一）準實驗研究

採用兩班單組前－中－後測的準實驗研究進行資料的蒐集與分析，自變項為「繪本創作融入教學」與「一般課程教學」，依變項為創造力表現，採用陶倫斯創造思考測驗為研究工具，進行前、中與後測，並進行藝術創作評析。學生班級屬常態分班，兩班學生藝術與人文平均分數相近，控制變項為教學者、教學時間以及教學對象。

自變項
1.一般課程教學
2.繪本創作融入教學

依變項
1.陶倫斯創造思考測驗分數
2.視覺藝術創作作品評析
3.訪談學生對於課程意見

控制變項
1.教學者
2.教學時間
3.教學對象

圖 6-1　研究架構圖

## （二）訪談調查

本文研究同時採用半結構式訪談，預先設計訪談大綱與訪談問題，並依據學生的回應進行調整，藉由抽樣訪談，瞭解學生對於繪本創作融入教學以及對於一般藝術與人文課程教學的看法。

## 二、研究設計

研究對象為新竹縣湖口鄉某國小六年級學生，該校屬於大型學校，選取班級平均分數最相近之兩個班級學生為研究對象，共 45 名學生。

採兩班單組前後測實驗設計，是考量以兩班學生進行實驗教學可獲得較多的實驗參與人數，有助於數據分析的客觀性。基於考量提供兩組教學實驗學生均等的受教權益，實驗設計採用兩組實驗組實施等同的教學內容，只是實驗組 A 的教學順序為前四週進行一般課程教學，後四週進行繪本創作融入教學。反之，實驗組 B 的教學順序為前四週進行繪本創作融入教學，後四週進行一般課程教學。

創作以「校慶」為教學主題，在「一般課程教學」採用手做卡片實作，為期四週，每週二節課，共 320 分鐘；在「繪本創作融入教學」採用繪本創作，維持相同的教學週次與時間，教學前進行陶倫斯創造思考測驗，瞭解學生的初始分數，第一階段教學後進行陶倫斯創造思考測驗以及創作作品分數評析，第

二階段教學後再次進行陶倫斯創造思考測驗以及創作作品分數評析，最後比較三次創造思考測驗分數以及不同教學方式呈現作品的評析。教學研究設計如下表所示：

表 6-1　實驗設計說明表

| 組別 | 前測 | 實驗處理 1 | 中測 | 實驗處理 2 | 後測 |
|---|---|---|---|---|---|
| 實驗組 A 班 20 人 | 陶倫斯創造思考測驗 | 一般課程教學 視覺藝術創作作品評析 | 陶倫斯創造思考測驗 | 繪本創作融入教學 視覺藝術創作作品評析 | 1.陶倫斯創造思考測驗 2.個別訪談 |
| 實驗組 B 班 25 人 | 陶倫斯創造思考測驗 | 繪本創作融入教學 視覺藝術創作作品評析 | 陶倫斯創造思考測驗 | 一般課程教學 視覺藝術創作作品評析 | 1.陶倫斯創造思考測驗 2.個別訪談 |

　　本文研究旨在瞭解不同教學方式對於學生創造思考表現的影響，一般課程教學與繪本融入教學皆採相同的教學流程，但學生創作的作品不同。教學內容先由教師揭示作品主題為「校慶」，並說明製作方式，透過小組討論作品的形式與元素後，教師發下材料與工具，引導學生進行個人獨立的作品創作。在創作完成後，進行同儕觀摩與教師總結，兩項課程教學方式並列說明如下：

表 6-2　教學內容說明表

| 課程安排 | 一般課程教學 | 繪本融入教學 |
| --- | --- | --- |
| 第一週 | 1.教師引導學生以手做卡片的方式祝福學校 90 歲生日<br>2.教師說明課程主題「手做卡片創作」<br>3.教師引導學生討論生日卡片會出現哪些元素或設計？<br>4.教師介紹材料用途及特性<br>5.教師介紹工具的使用方式與重點<br>6.學生使用教師指導的設計重點以鉛筆草稿開始進行卡片設計，並完成卡片封面設計 | 1.教師說明課程主題「繪本創作」<br>2.學生觀察範例，瞭解手做繪本的特點<br>3.教師說明繪本創作主題<br>4.教師說明繪本書體的製作方式<br>5.學生使用教師指導的不織布剪裁技巧，進行不織布剪裁<br>6.學生使用教師指導的熱熔膠黏貼技巧，進行繪本黏貼，並完成繪本書體 |
| 第二週 | 1.學生使用教師指導的色鉛筆和彩繪筆的使用技巧與重點，進行繪圖及上色<br>2.學生使用教師指導的剪裁及黏貼的技巧，進行卡片裝飾動作 | 1.教師配合學習單介紹繪本架構，並讓學生於學習單寫下故事發想的人、事、時、地、物<br>2.學生聆聽教師講解繪本的構成要素，完成九宮格思考法學習單及繪本架構學習單<br>3.學生藉由已完成的九宮格及繪本架構，進行 6 格分鏡草圖學習單 |
| 第三週 | 1.學生使用教師指導的生日卡片內容重點，著手繪製內容草稿<br>2.學生使用教師指導的卡片內部空間安排，設計自己的卡片編排，完成卡片空間編排 | 1.學生使用教師指導的色鉛筆使用技巧與重點進行繪圖及上色<br>2.學生使用教師指導的彩繪筆的使用技巧與重點，進行繪圖及上色 |

| 課程安排 | 一般課程教學 | 繪本融入教學 |
| --- | --- | --- |
| | 3.學生使用教師指導的卡片內部文字書寫技巧與重點，完成卡片文字設計<br>4.學生使用教師指導的卡片內部背景、插圖及邊框的設計技巧，進行卡片內部的裝飾 | 3.學生使用教師指導的雙面膠使用技巧與重點，進行繪本書體與繪本內頁的黏貼 |
| 第四週 | 1.學生使用教師指導的卡片內部文字書寫技巧與重點，繼續調整修正卡片內容<br>2.學生使用教師指導的卡片內部背景、插圖及邊框的設計技巧與重點進行設計，並完成卡片整體的裝飾設計<br>3.教師以投影的方式讓學生觀賞更多不同類型的手做卡片作品 | 1.學生使用教師指導的封面設計要素和設計原則，進行封面封底設計，並完成繪本封面封底設計<br>2.學生使用教師指導的保麗龍膠黏貼技巧與重點進行封面封底的裝飾黏貼，並完成繪本封面封底裝飾<br>3.教師以投影的方式讓學生觀賞不同類型的手做繪本作品 |

因本文研究對象為未成年學童，進行教學實驗前，皆徵得家長同意簽署知情同意書參與教學研究，在進行教學活動過程所記錄之資料亦僅供研究分析，研究資料採匿名呈現。

## 三、研究工具

### （一）陶倫斯創造思考測驗圖形版

本文研究採用李乙明（2006）修訂自 Torrance、Safter 與 Ball（1992）編製的「陶倫斯創造思考測驗」（Torrance Tests of Creative Thinking），該測驗引導學生依提示畫圖的方式，評估

學生的整體創造力表現。共有三項子測驗：（1）構圖，以一幅幾何圖型，自行構圖完成完整的圖畫；（2）未完成圖畫，以數幅未完成的幾何線段，自行加上線條完成有意義的圖畫；（3）線或圓圈：以平行線、圓圈或三角形作畫，透過圖形作為表達的工具。本文研究取得「陶倫斯創造思考測驗」於研究前檢附研究計畫書，向心理出版社購買兩份測驗題（甲式及乙式）分別用於前、中、後測。為避免兩班學生因排課日期非同日測驗，學生可能會對測驗內容交流而影響分數，故於實驗組 A 班採用的題本順序為「甲式—乙式—甲式」，實驗組 B 班的題本順序為「乙式—甲式—乙式」。

施測結果由教師進行檢核與評分，包含流暢性、獨創性、想像性、精密性與開放性五向度分數，向度測驗得分越高，表示該向度創造力表現越高，反之則該向度創造力表現越低。以此測驗學習者學習前、學習中與學習後的創造力表現差異，瞭解學生學習過程之變化。

### （二）視覺藝術創作展現評析表

本文研究根據「十二年國民基本教育課程綱要」藝術領域中，第三學習階段所指的創作展現，學習表現「1-III-6 能學習設計思考，進行創意發想和實作」為表現目標，學習內容「視 E-III-1 視覺元素、色彩與構成要素的辨識與溝通」、「視 E-III-2 多元的媒材技法與創作表現類型」、「視 E-III-3 設計思考與實作」為檢核內容，自編「視覺藝術創作展現評析表」進行學生

作品的分級與給分，以評估學生作品在「色彩與元素」、「技法與表現」與「作品傳達」三向度的實作表現。

於實驗教學後由研究者教師及高年級美術教師依作品表現進行評分，各向度等級分數介於 0 分到 5 分，分數越高則代表在視覺藝術創作展現的表現越佳，評分標準列表說明如下：

表 6-3　視覺藝術創作展現評析評分尺規

| 評析項目 | 評析方式 | 評析標準 |
| --- | --- | --- |
| 色彩與元素 | 根據課程主題，依作品實際呈現的色彩使用與元素設計進行評分 | 5 分：具備完整的色彩使用、有元素設計、有獨特的元素設計 |
| | | 4 分：具備完整的色彩使用且有元素設計；具備普通的色彩使用、有元素設計、有獨特的元素設計 |
| | | 3 分：不完整的色彩使用、具備有元素設計、有獨特的元素設計；具備普通的色彩使用且有元素設計；具備完整的色彩使用 |
| | | 2 分：不完整的色彩使用且有元素設計；具備普通的色彩使用 |
| | | 1 分：不完整的色彩使用 |
| | | 0 分：無法進行色彩使用與元素設計的實作 |
| 技法與表現 | 根據課程主題，依作品實際應用的媒材技法與風格表現進行評分 | 5 分：作品風格具獨特美感且具備控制媒材裁剪技法、具備控制媒材黏貼技法 |
| | | 4 分：作品風格具美感且具備控制媒材裁剪技法、具備控制媒材黏貼技法；作品風格具獨特美感且具備控制媒材裁剪技法/具備控制媒材黏貼技法（兩項中具備一項） |

| 評析項目 | 評析方式 | 評析標準 |
|---|---|---|
| | | 3分：作品風格不具美感、具備控制媒材裁剪技法、具備控制媒材黏貼技法；作品風格具美感且具備控制媒材裁剪技法/具備控制媒材黏貼技法（兩項中具備一項）；作品風格具獨特美感 |
| | | 2分：作品風格不具美感具備控制媒材裁剪法/具備控制媒材黏貼技法，兩項中具備一項；作品風格具美感 |
| | | 1分：作品風格不具美感 |
| | | 0分：無法進行媒材技法與風格表現的呈現 |
| 作品傳達 | 根據課程主題，依作品實際傳達的理念，進行評分 | 5分：合理、明確且具獨特性的作品主題傳達 |
| | | 4分：合理且明確的作品主題傳達 |
| | | 3分：合理的作品主題傳達 |
| | | 2分：不合理的作品主題傳達 |
| | | 1分：作品傳達與課程主題無關 |
| | | 0分：無法進行想法與理念的實作 |

## 四、資料處理與統計

本文研究以陶倫斯創造思考測驗圖形版作為前、中、後測資料，於班級實施測驗，瞭解學生在繪本創作融入教學和一般課程教學前後的創造力表現差異，量化數據分析以 SPSS 軟體，採用成對樣本 t 檢定（paired sample t-test）進行兩組學生陶倫斯創造思考測驗圖形版的分數分析，並比較兩次實驗處理後的平均數差異，以觀察在使用繪本創作融入教學和一般課程教學對

國小高年級學生之創造力表現是否具有顯著差異。

教學活動後，以學生作品進行「視覺藝術創作展現評析表」評分，並以 SPSS 軟體採用獨立樣本 t 檢定（independent sample t-test）對兩組學生之色彩與元素、技法與表現、作品傳達進行繪本創作融入教學與一般課程教學的作品分數分析，並比較兩次實驗處理後的平均數差異，以觀察在使用繪本創作融入教學和一般課程教學對國小高年級學生之視覺藝術創作展現是否具有顯著差異。

教學課程結束後，以隨機抽樣方式進行研究對象的個別訪談，訪談內容於徵詢受訪者意願後進行錄音，訪談過程中以訪談大綱及問題引導受訪者進行論述，並視受訪者回覆情形，延伸探討本文研究相關之論點。訪談結束後，先根據錄音資料轉譯為逐字稿，將所有受訪者意見，進行意見編碼與歸納，並根據意見觀點提取本文研究相關資訊，以回應研究問題分析。

## 肆、研究結果分析

### 一、繪本創作融入教學對於創造力的影響

本文研究以「陶倫斯創造思考測驗」的前、中、後測分數，瞭解學生在接受「一般課程教學」和「繪本創作融入教學」後，在創造力學習的表現。

實驗組 A 班學生人數共 20 人，前測平均數為 74.42，中測

平均數為 70.04，後測平均數為 82.42，後測平均分數高於前測與中測平均分數，顯示實驗組 A 班在進行教學實驗（繪本創作融入教學）後學生的創造力提高；此外，觀察標準差可發現實驗組 A 班在一般課程教學後，學生的創造力分數集中，但在繪本創作融入教學後學生成績分布有比較大的起伏，代表有些學生能明顯進步且拉大分數差距。

實驗組 B 班學生人數共 25 人，前測平均數為 64.68，中測平均數為 88.17，後測平均數為 88.14，中測平均分數高於前測與後測平均分數，顯示實驗組 B 班在繪本創作融入教學後，學生的創造力提高最明顯；但在一般課程教學後，學生的創造力得分分布，比繪本創作融入教學後更加分散。若以平均數比較，繪本創作融入教學對於學生的創造力得分有明顯的成效提升（表6-4）。

表 6-4　教學前後之陶倫斯創造思考測驗統計表

| 對象 | 測驗 | 題本 | 人數 | 平均數 | 標準差 |
| --- | --- | --- | --- | --- | --- |
| 實驗組 A 班<br>先一般教學<br>再繪本教學 | 前測 | 甲式 | 20 | 74.42 | 13.875 |
| | 中測（一般教學後） | 乙式 | 20 | 70.04 | 8.302 |
| | 後測（繪本教學後） | 甲式 | 20 | 82.42 | 13.717 |
| 實驗組 B 班<br>先繪本教學<br>再一般教學 | 前測 | 乙式 | 25 | 64.68 | 11.429 |
| | 中測（繪本教學後） | 甲式 | 25 | 88.17 | 13.141 |
| | 後測（一般教學後） | 乙式 | 25 | 88.14 | 33.341 |

研究設計為避免兩班學生因排課實施測驗時間先後不同，可能產生學生交流測驗內容影響到測驗成績的情形，特意於兩班採用不同題本測驗，實驗組 A 班採用題本為「甲式－乙式－甲式」，實驗組 B 班題本為「乙式－甲式－乙式」。實施測驗後，根據分數的呈現雖然在採用乙式題本的分數偏低，但各組成績為組內的前、中、後測相比，自身組別不受題本難度影響。將各組「陶倫斯創造思考測驗」前測－中測、中測－後測分數分別進行成對樣本 t 檢定（paired sample t-test），實驗組 A 班的前測－中測 $t$ 值為 1.455，$p$ 值為 .162>.001，eta 平方效果量為 0.1，屬大效果量（Cohen, 1988），顯示學生在陶倫斯創造思考測驗的前測－中測分數沒有達統計上的顯著差異；中測－後測 $t$ 值為-4.736，$p$ 值為 .000<.001，eta 平方效果量為 0.5，亦屬大效果量，顯示學生在陶倫斯創造思考測驗的中測－後測分數達統計上的顯著差異。

　　實驗組 B 班的前測－中測 $t$ 值為-9.667，$p$ 值為 .000<.001，eta 平方效果量為 0.8，顯示學生在陶倫斯創造思考測驗的前中測分數達統計上的顯著差異；中測－後測 $t$ 值為 0.004，$p$ 值為 .997>.001，eta 平方效果量為 0，屬小效果量（Cohen, 1988），顯示學生在陶倫斯創造思考測驗的中後測分數未達到統計上的顯著差異（表 6-5）。

表 6-5　陶倫斯創造思考測驗成對樣本 t 檢定表

| 組別 | 測驗 | 人數 | 自由度 | t | 顯著性(雙尾) | 效果量 |
|---|---|---|---|---|---|---|
| 實驗組 A 班：先一般教學再繪本教學 | 前測—中測 | 20 | 19 | 1.455 | .162 | 0.1 |
|  | 中測—後測 | 20 | 19 | -4.736 | .000*** | 0.5 |
| 實驗組 B 班：先繪本教學再一般教學 | 前測—中測 | 25 | 24 | -9.667 | .000*** | 0.8 |
|  | 中測—後測 | 25 | 24 | 0.004 | .997 | 0.0 |

\*\*\* $p<.001$

　　整體而言，根據成對樣本 t 檢定比較，兩班實驗組教學不論教學方式的實施先後順序，皆能在實施繪本創作融入教學階段，對於學生創造力得分的提升達到統計上顯著差異，而一般課程教學對於學生創造力得分的成效提升，沒有達到統計上顯著差異，因此，兩項課程對於國小學生創造力的影響上，顯然是繪本創作融入教學比一般課程教學更為有效。

## 二、繪本創作融入教學對於視覺藝術創作的影響

　　本文研究以視覺藝術創作展現中「色彩與元素」、「技法與表現」、「作品傳達」三向度作為檢定變數，以一般課程教學（手做卡片）與繪本創作融入教學（繪本創作）為分組變數，分析手做卡片與繪本創作在「色彩與元素」、「技法與表現」、「作品傳達」三項度的分數上是否有差異。

學生在「色彩與元素」的表現，手做卡片平均數為 3.62、標準差為 0.936，繪本創作平均數為 3.33、標準差為 1.066。顯示在兩項課程中，學生在「色彩與元素」的表現，是手做卡片比繪本創作佳，且手做卡片的表現較為一致，而繪本創作表現的分數離散程度較大。

在「技法與表現」項目中，手做卡片平均數為 3.18、標準差為 1.248，繪本創作平均數為 3.67、標準差為 1.187。顯示學生在「技法與表現」上，繪本創作較手做卡片佳，且繪本創作的表現較為一致，而手做卡片的分數差異較大。

在「作品傳達」項目中，手做卡片平均數為 3.22、標準差為 1.166，繪本創作平均數為 3.02、標準差為 1.011。顯示學生在「作品傳達」的表現，是手做卡片較繪本創作稍佳，而繪本創作的表現較為一致，手做卡片表現的離散程度較大（表 6-6）。

表 6-6　視覺藝術創作展現分數統計表

| 向度 | 課程 | 個數 | 平均數 | 標準差 | 平均數標準誤 |
|---|---|---|---|---|---|
| 色彩與元素 | 手做卡片 | 45 | 3.62 | .936 | .140 |
|  | 繪本創作 | 45 | 3.33 | 1.066 | .159 |
| 技法與表現 | 手做卡片 | 45 | 3.18 | 1.248 | .186 |
|  | 繪本創作 | 45 | 3.67 | 1.187 | .177 |
| 作品傳達 | 手做卡片 | 45 | 3.22 | 1.166 | .174 |
|  | 繪本創作 | 45 | 3.02 | 1.011 | .151 |

進一步將視覺藝術創作展現的「色彩與元素」、「技法與表現」、「作品傳達」三向度分數，分別進行獨立樣本 t 檢定（independent sample t-test），採 α=.05 為顯著水準，檢驗手做卡片與繪本創作「色彩與元素」分數，t 值為 1.366，p 值為 .175 > .05，eta 平方效果量為 0.02，屬小效果量，代表學生視覺藝術創作展現中的「色彩與元素」向度分數，未達統計上顯著差異，且只有2% 的分數差異為課程內容的差異所造成。

同樣以 α =.05 為顯著水準，檢驗手做卡片與繪本創作「技法與表現」分數，t 值為-1.904，p 值為 .06> .05，eta 平方效果量為 0.04，顯示「技法與表現」向度分數，沒有達統計上顯著差異。

檢驗手做卡片與繪本創作「作品傳達」分數，t 值為 0.87，p 值為 .387> .05，eta 平方效果量為 0.009，顯示學生視覺藝術創作展現中的「作品傳達」向度，也沒有達到統計上顯著差異，且只有 0.9%的分數差異為課程內容的差異所造成（表 6-7）。

表 6-7　視覺藝術創作各向度之獨立樣本 t 檢定表

| 創作向度 | 變異數相等的 Levene 檢定 | | 平均數相等的 t 檢定 | | | |
|---|---|---|---|---|---|---|
| | F 檢定 | 顯著性 | t | 自由度 | 顯著性(雙尾) | 平均差異 |
| 色彩與元素 | .609 | .437 | 1.366 | 88 | .175 | .289 |
| 技法與表現 | .118 | .732 | -1.904 | 88 | .060 | -.489 |
| 作品傳達 | 1.913 | .170 | .870 | 88 | .387 | .200 |

前述分析呈現學生在「色彩與元素」、「技法與表現」、「作品傳達」三向度的表現與所接受的課程內容沒有明顯的關聯性。雖然手做卡片和繪本創作的課程內容不同，但學生的視覺藝術創作展現，並沒有因為課程內容的不同而出現明顯的差異。

## 三、學生對於繪本創作融入美感課程的意見分析

為瞭解學生在一般課程教學採用手做卡片實作，以及在繪本創作融入教學採用繪本創作的課程意見，於課程結束後徵詢學生同意，進行實驗組 A 班與 B 班學生隨機抽樣訪談，訪談問題重點，包括：對於手做卡片課程的感受、對於繪本創作課程的感受、對於兩項課程的偏好情形和難易度比較、認為對美術創作能力的改善。共取得 15 位學生訪談資料，受訪者以編號 S01 至 S15 表示，彙整各項問題意見如下：

### （一）對於手做卡片課程的感受

歸納受訪者對於手做卡片的感受，表現出正向情感反應的有 4 人，認為技術與能力有提升的有 4 人，認為有受益於學習資源與教學方式的有 3 人，提出課程改進建議的有 2 人（表 6-8）。

在手做卡片的上課過程中，學生表現出高度的興趣與投入，並且對於這種創意性的活動感到十分開心和有趣，引述受訪者的意見認為：「我覺得很有趣，很好玩（S10）」。透過自己的雙手和創意，學生們能夠發揮出自己的想像力和創造力，

並且在完成作品後感到十分滿意和自豪,例如有受訪者表達:
「我覺得自己做的好好看,很開心(S09)」。在手做卡片的過
程,也能夠幫助學生培養細緻的動手能力和耐心,同時也能夠
更深入地瞭解到卡片設計的知識和技巧,引述此類受訪者的意
見有:「看完影片可以清楚知道,如何構思卡片(S14)」。因
此,手做卡片的上課體驗不僅能夠讓學生感受到創作的樂趣,
並且可以讓收到卡片的人感到開心。同時,這門課程還能夠啟
發學生們的創造力和藝術天賦,讓他們喜歡上畫畫和創作。不
過,也有少數學生提到課程的限制,希望未來課程主題不限於
校慶,可以擴大主題範圍讓學生更自由發揮。

表 6-8 手做卡片課程感受訪談意見表

| 訪談意見 | 人數 | 學生編號 |
| --- | --- | --- |
| 正向情感反應 | 4 | S01、S10、S11、S15 |
| 技術與能力提升 | 4 | S02、S03、S08、S09 |
| 受益於學習資源與教學方式 | 3 | S12、S13、S14 |
| 提出課程改進建議 | 2 | S05、S06 |
| 其他 | 2 | S04、S07 |

## (二)對於繪本創作課程的感受

歸納受訪者對於繪本創作的感受,認同有創作樂趣與興趣
的為 6 人,表示有技術提升與能力成長的共 5 人,表達意見認為
有創作挑戰與困難的為 1 人,提出課程改進建議的有 1 人,其他
籠統意見者,有 2 人(表 6-9)。

學生對於繪本創作的上課過程都感到新奇和有趣,因為可以自由地發揮創意、運用各種顏色和素材,製作出自己的繪本作品。學生也認為在這個過程中,對於自己的想像力有很大的啟發作用,引述受訪者的意見為:「*我覺得做這樣的美勞作品可以開發我超多的想像力(S15)*」。又例如:「*我覺得能讓我開啟我的想像,讓我可以隨意發想(S01)*」。此外,學生也在繪本創作過程中,學會如何將自己的想像力轉化為具體的表達方式,從而提高了自己的表達能力和創作能力。只是在創作過程也會遇到了一些困難,例如有受訪者提到:「*雖然很好玩,不過在編故事的時候有點困難(S11)*」。整體而言,繪本創作的上課過程不僅能夠讓學生感到新奇、有趣和好玩,同時也能夠啟發想像力,提高學生的表達和藝術能力,對於創作能力的學習有比較具體的引導。

表 6-9　繪本創作課程感受訪談意見表

| 訪談意見 | 人數 | 學生編號 |
| --- | --- | --- |
| 創作樂趣與興趣 | 6 | S01、S05、S07、S10、S14、S15 |
| 技術提升與能力成長 | 5 | S02、S03、S09、S12、S13 |
| 創作挑戰與困難 | 1 | S11 |
| 課程改進建議 | 1 | S08 |
| 其他 | 2 | S04、S06 |

(三)比較兩項課程的偏好程度

若是在手做卡片及繪本創作兩個課程中做二選一的抉擇,

受訪者的選擇偏向於繪本創作，15 位受訪者中，有 11 位選擇了繪本創作，而只有 4 位選擇了手做卡片課程（表 6-10）。這顯示出繪本創作課程在學生中的受歡迎程度比較高。

選擇繪本創作的學生指出該課程對於想像力和美術能力的提升有正向的效果，這是因為繪本創作的過程中，學生需要不斷地設計和創造自己的故事情節、角色和場景，需要運用自己的想像力和創造力，引述受訪者的意見有：「我更喜好繪本創作，因為繪本創作可以開啟我的想像力，讓我能夠大膽的想像一些奇幻的故事（S01）」。此外，學生還需要運用美術技巧繪製自己的作品，這有助於提升學生的美術能力，例如有受訪者認為：「我喜歡繪本創作，因為可以盡情畫圖，對於我的繪畫能力有進步（S05）」。選擇手做卡片課程的學生，主要是因為相對較為簡單、比較容易操作，例如受訪者表示：「手做卡片，做起來比較簡單，不用想太多（S12）」。整體而言，繪本創作課程在學生中的受歡迎程度比較高，是因為此課程能夠提升學生的想像力和美術技巧；而手做卡片課程相對比較容易執行，學生依製作步驟完成作品，會因為有完成的成就感而覺得滿意。

表 6-10　兩項課程偏好情形訪談意見統計

| 訪談意見 | 人數 | 學生編號 |
| --- | --- | --- |
| 較偏好手做卡片 | 4 | S03、S04、S12、S15 |
| 較偏好繪本創作 | 11 | S01、S02、S05、S06、S07、S08、S09、S10、S11、S13、S14 |

## （四）比較兩項課程的難易度

詢問 15 位學生認為手做卡片比較簡單的有 10 人，認為繪本創作比較簡單的有 2 人，認為兩項課程同樣簡單的有 3 人（表 6-11）。

受訪學生認為手做卡片課程教學比較簡單的原因是能夠以剪貼、黏貼、摺紙等手工製作技巧完成作品，且多數學生在生活中曾有類似的製作經驗。因此，手做卡片課程中比較容易跟隨老師指示完成作品，並從中獲得成就感和樂趣，例如受訪者提到：「能和朋友一起做卡片，類似手工藝創作，覺得很開心（S01）」。但對於繪本創作融入藝術與人文領域教學，學生需要運用他們的想像力和美感創作能力創造自己的繪本，在過程中，學生需要綜合應用美術、文學、創意等知識和技能，創造出具有藝術價值的作品。因此，有些學生可能需要花更多時間和精力完成繪本創作，例如有受訪學生提到：「手做卡片有進步一些，但繪本創作進步更多（S05）」。甚至有學生會認為：「手做卡片比較普通，但繪本創作比較困難（S04）」。整體而言，手做卡片和繪本創作兩個課程，在難度上略有不同，但學生對於兩者的興趣和學習成效都是正面的。

表 6-11　課程難易度訪談意見統計

| 訪談意見 | 人數 | 學生編號 |
| --- | --- | --- |
| 手做卡片比較簡單 | 10 | S01、S03、S04、S05、S06、S08、S09、S12、S13、S14 |
| 繪本創作比較簡單 | 2 | S07、S10 |
| 兩者一樣簡單 | 3 | S02、S11、S15 |

## （五）認為對美術創作能力的改善

訪談歸納意見面向，發現在 15 位學生中，認同手做卡片進步較多的為 0 人，認為繪本創作進步較多的有 5 人，認為兩項課程同樣進步的有 8 人，沒有特別感受的有 2 人，學生認為繪本創作進步的比手做卡片多一些（表 6-12）。

受訪者表示，在繪本創作課程中，雖然繪本創作的困難度較高，但是克服困難後的成就感也相對更強烈。而學生也能夠從課程中學習到如何敘事、插圖設計等技巧，提升美術創作的基礎能力。引述受訪者的意見提到：「創作繪本時，要運用很多不同的能力，我感覺我的美術進步很多（S02）」。也有受訪者提到：「繪本創作能讓我開啟我的想像，不會只侷限在單純的繪畫表現（S01）」；又如受訪意見認為：「我覺得做這樣的美勞作品可以開發我超多的想像力（S15）」。

然而，在手做卡片的課程中，學生普遍對於課程的易懂與創作成果的美觀度都表示滿意。引述受訪者意見有：「我覺得手做卡片這個課程，對我來說是一個很棒的體驗（S11）」。又

或者是：「製作卡片的時候能讓我去想起學校、同學，讓我想起和朋友在一起的點點滴滴（S01）」。

雖然學生對於兩項課程的喜好程度相近，但在美術創作能力的進步感受上，繪本創作稍稍高於手做卡片課程，可能是因為繪本創作課程較為深入，內容較為豐富，能夠涵蓋更多的美術創作技巧，而手做卡片的課程則是著重於手工製作的實踐與應用。

表 6-12　美術創作能力訪談意見統計

| 訪談意見 | 人數 | 學生編號 |
| --- | --- | --- |
| 手做卡片進步較多 | 0 | |
| 繪本創作進步較多 | 5 | S05、S07、S08、S10、S13 |
| 兩者進步一樣多 | 8 | S02、S03、S04、S09、S11、S12、S14、S15 |
| 其他 | 2 | S01、S06 |

整體而言，手做卡片的難易度較低，學生能輕鬆地完成課程並且能夠在過程中獲得樂趣。相對地，繪本創作融入教學的難度較高，學生需要有更多的創造力、想像力以及美術基礎才能完成作品。然而，學生認為繪本創作的自我效能感較高，這可能是因為學生能夠從頭到尾創作一本屬於自己的書，這樣的成就感更能夠激勵學生繼續往前。

學生對於兩項課程並沒有明顯的偏好，但在二選一的情況

下,學生會傾向於選擇繪本創作。這可能是因為學生在手做卡片課程中,已經獲得了手作體驗,想要更有挑戰性的課程,提升自己的創意與技能。不管是手做卡片還是繪本創作,學生們都能夠獲得正向的學習歷程感受。然而,學生認為繪本創作對於創造力和想像力的影響更多,因為繪本創作不僅能夠幫助學生提高自我效能感,還能夠激發他們的創造力和想像力,這樣的課程對於學生的成長與發展具有重要的意義。

## 伍、結論與建議

根據前述教學研究結果,歸納研究結論與建議,如下:
一、學生在接受「一般課程教學」後,創造力的表現上沒有提高;在接受「繪本創作融入教學」後,創造力表現明顯提高。

針對學生進行「一般課程教學」所測得的陶倫斯創造思考測驗前測及後測成績,得知整體後測平均分數略微低於前測平均分數,且前後測分數透過統計結果亦沒有達到顯著差異,表示在進行一般課程教學後,對於國小六年級學生的創造力沒有明顯提升的效果。

但在「繪本創作融入教學」所測得的陶倫斯創造思考測驗前測及後測成績,得知整體後測平均分數明顯高於前測平均分數,且前後測分數透過統計結果亦達到顯著差異,表示在進行繪本創作融入教學後,對於國小六年級學

生的創造力有提升的效果。

　　兩班實驗組教學不論教學方式的實施先後順序，皆能在實施繪本創作融入教學階段，對於學生創造力得分的提升達到統計上顯著差異。相較於過往周文敏（2004）、徐庭蘭與郭靜緻（2007）、陳嬿如（2008）等研究於不同年段學童的教學實驗結果相仿，於實施繪本創作融入教學後，實驗組在創造力思考的表現會優於一般教學方式。

二、「一般課程教學」和「繪本創作融入教學」對於學生在藝術創作展現中的「色彩與元素」、「技法與表現」與「作品傳達」有相同的助益。

　　比較分析一般課程教學和繪本創作融入教學兩項課程的「色彩與元素」表現，結果顯示學生在一般課程教學的表現上稍優於繪本創作融入教學，且表現較為一致，而繪本創作融入教學的表現分數離散程度較大，在統計檢驗中，兩項課程分數沒有達到統計上的顯著差異，顯示對於學生的「色彩與元素」表現，僅有輕微影響。

　　針對兩項課程的「技法與表現」進行比較，結果顯示學生在繪本創作融入教學的分數表現，略高於一般課程教學，若是以「作品傳達」表現進行比較，則是學生在一般課程教學的表現上，略優於繪本創作融入教學，但在統計檢驗中，兩項課程的分數沒有達到統計上的顯著差異，代表不同教學方式對於學生的「技法與表現」以及「作品傳達」能力，雖有分數差異，但分數未達顯著差異，亦即兩

種教學方式對於學生的影響效果相似,皆能有助於學生視覺藝術能力學習的提升。

因過往研究分析的創造力面向與本文研究不同,無法直接類比結果。但本文根據學生創作作品評分,呈現無論是「一般課程教學」和「繪本創作融入教學」對於學生作品的「色彩與元素」、「技法與表現」、「作品傳達」表現,均有相似的影響效果,也皆能引導學生在作品的製作中呈現相同水準的視覺藝術能力。

三、學生認為「繪本創作融入教學」課程內容難度偏高,但進步感受較多,在兩種教學方式中,「繪本創作融入教學」方式更受學生歡迎。

根據學生的訪談結果,在一般課程教學的手做卡片過程,相對比較簡單,因為課程應用到的手工製作技巧,如剪、貼、摺等,而這些技巧大多數學生在生活中或以往的教學活動中已有相關經驗,而繪本創作除了手工製作技巧外,更需要應用想像力進行設計,學生可能需要更多時間和精力來創作出具有藝術價值的作品。但學生認為能在繪本創作課程中,因有難度反而能感受到想像力和創作能力的提升,並且能夠學習到更多的技巧,相較之下,手做卡片課程的創作難度比較低,學生的進步感受少於繪本創作課程。可知繪本創作的課程因為需要更多的思考與嘗試,除了能啟發創造力外,亦能夠涵蓋更多的美術創作技巧。

多數學生對於這兩項課程表達的興趣程度相當平均,

認為手做卡片讓他們喜歡上畫畫和創作；而繪本創作能夠啟發他們的想像力，提高表達能力和藝術水準。若在二種取一，學生表示繪本創作課程的受歡迎程度較高，原因是該課程能夠提升學生更多想像力和美術技巧的學習，而手做卡片可依指導完成相對簡單，雖有完成的成就感但缺乏挑戰。

四、「一般課程教學」在生活中有良好的應用機會，「繪本創作融入教學」課程對於創造力有具體化的學習體驗，兩項課程皆有正面的學習歷程感受。

手做卡片能夠讓學生享受到動手製作的樂趣，並且透過製作卡片表達情感和祝福，讓學生學習到與人溝通和分享感受的方式；繪本創作能夠讓學生學習到如何用自己的想法和經驗來創造獨特的故事，並且透過不斷思考和設計故事情節、角色形象和場景，提高學生的創意思考。兩項課程都能夠讓學生從創作中獲得愉悅感受，進而激發他們對於藝術與人文的興趣，在手做卡片課程中能夠體驗到自主性創作所帶來的成就感和滿足感，而在繪本創作課程中，學生除了能夠獲得成就感之外，還能夠提高自己的思考能力和想像力，進而讓他們更好地表達自己的想法和觀點。

基於前述研究發現，本文提出教學建議，如下：

一、對推動藝術與人文領域教學之建議。

本文研究發現繪本創作融入藝術與人文領域教學對於學生的創造力有顯著的影響，且學生在視覺藝術創作展現上也同樣

具有與一般藝術與人文教學相同的表現水準，顯示繪本創作融入教學，不但能促進學生在視覺藝術方面的表現，更有創造力啟發的優勢，因此，建議未來可於國小高年級的藝術與人文課程中，可安排相關的創造性課程，在實現藝術與人文教學的過程中，豐富學生創造力的學習經驗。

二、對繪本創作教學之建議。

　　本文結合學校的九十週年校慶紀念系列活動，將繪本創作主題訂為「校慶」，指導學生作品呈現關於學校的生活點滴與情感表達，可知繪本創作的主題可直接引導學生的思考方向，訪談發現學習主題的設定可能會影響學生的創造力與視覺藝術創作表現。因此，建議未來實施相關課程時，可導入更多元的主題創作，拓展學生的思維和視野，鼓勵學生將自身的生活經驗與情意結合藝術創作，讓學生有更廣泛的創作空間和發展潛力。本次教學對於繪本創作有限定內頁篇幅，教學後，有學生回饋指出若能有更多的篇幅提供創作更佳，因此，建議未來實施相關課程時，可視學生能力與需求，彈性調整創作篇幅。

　　後記：本文係根據「繪本創作融入美感教學對於國小學生創造力之影響」碩士學位論文，經指導教授改寫後完成。

## 參考文獻

Clark, G., & Zimmerman, E. (1983). Identifying artistically talented students. *School Arts*, 83(3), 26-31.

Evans, J. (2009). Creative and aesthetic responses to picturebooks and fine art. *Education* 3-13, 37(2), 177-190. https://doi.org/10.1080/03004270902922094

Gowan, J. C. (1972). *Development of the Creative Individual*. San Diego: RR Knapp.

Harrison, C. (2004). Giftedness in early childhood: The search for complexity and connection. *Roeper Review*, 26(2), 78-84.

Kiefer, B. Z. (1982). *The Response of Primary Children to Picture Books* /[Doctoral dissertation, Ohio State University]. OhioLINK Electronic Theses and Dissertations Center. http://rave.ohiolink.edu/etdc/view?acc_num=osu1487174863877676

Kiefer, B. Z. (1995). *The Potential of Picturebooks: From Visual Literacy to Aesthetic Understanding*. Englewood Cliffs, N.J.: Merrill.

Lin, R. (2012). Creative thinking for picture book creation. *IERI Procedia*, 2, 30-35.

Olsson, L. M., Dahlberg, G., & Theorell, E. (2015). Discplacing identity – placing aesthetics: early childhood literacy in a globalized world. *Discourse: Studies in the Cultural Politics of Education*, 37(5), 717-738.

https://doi.org/10.1080/01596306.2015.1075711

Parnes, S. J. (1966). Programing creative behavior. *Journal of Creative Behavior*, 1(2), 99-106.

Prain, V., & O'Brien, M. (2000). Using postmodern picture books in the art curriculum. *Australian Art Education*, 23(2), 23-29.

Torrance, E. P., Safter, H. T., & Ball, O. E. (1992). *Torrance Tests of Creative Thinking: Figural A and B: to be Used in Conjunction with the TTCT Norms-technical Manual.* Streamlined Scoring Guide. Scholastic Testing Service, Incorporated.

Vong, K. L. (2008). *Evolving Creativity New Pedagogies for Young Children in China.* Sterling, VA.: Trentham Books Ltd.

Wiles, J. (1985). The mind of invention: Activities to stimulate creative thinking. *The Journal of Design Research*, 3, 184-193.

Williams, J. D., Harlow, S. D., & Borgen, J. S. (1971). Creativity, dogmatism, and arithmetic achievement. *The Journal of Psychology*, 78(2), 217-222.

Wong, K. M., Cheung, M. W. W., & Chiu, K. M. (2021). Learning art through picture books with young children. *Art Education*, 74(4), 33-38.

Youngs, S., & Kyser, C. (2021). Bringing form, content and aesthetics together: Preservice teachers reading contemporary picturebooks and designing multimodal responses. *Literacy Research and Instruction*, 60(3), 264-300.

于承平(2013)。學校推動美感教育之探討。**學校行政**,84,101-117。https://doi.org/10.3966/160683002013030084005

方淑貞(2010)。**FUN 的教學:圖畫書與語文教學**。臺北市:心理出版。

毛連塭、郭有遹、陳龍安、林幸台(2000)。**創造力研究**。臺北市:心理出版。

王春綢(2020)。跨領域美感教育在學校行政上的實踐。**臺灣教育評論月刊**,9(4),114-119。

何三本(2008)。**幼兒文學**。臺北市:五南圖書出版公司。

李乙明(2006)。**陶倫斯創造思考測驗圖形版指導手冊**。臺北市:心理出版。

李錫津(1987)。**創造思考教學對高職學生創造力發展之影響**。國立臺灣師範大學教育研究所集刊(頁 337-358)。臺北市:國立臺灣師範大學。

阮佳瑩(2004)。**兒童創造性繪本教學模式之行動研究**(未出版之碩士論文)。國立嘉義大學視覺藝術研究所,嘉義市。

周文敏(2004)。**「創造性圖畫書教學」對國小學童創造力與繪畫表現之研究**(未出版之碩士論文)。國立中山大學教育研究所,高雄市。

林幸台、王木榮(1994)。**威廉斯創造力測驗指導手冊**。臺北市:心理出版。

林宥榕（2009）。**圖畫書教學對國小教師創造力教學及學童創造力表現之影響**（未出版之碩士論文）。國立臺灣師範大學創造力發展碩士在職專班，臺北市。

林敏宜（2000）。**圖畫書的欣賞與應用**。臺北市：心理出版。

林慈瑋（2008）。**創造思考繪本教學對國小學童創造力影響之研究**（未出版之碩士論文）。國立臺北教育大學社會科教育學系，臺北市。

徐季玲（2003）。**別小看我，我也會讀書**。臺北市：喜信網路雜誌。

徐庭蘭、郭靜緻（2007）。創造性藝術教學活動對幼兒園大班幼兒創造力表現影響。**藝術學報**，80，165-184。

徐素霞（2002）。兒童圖畫書的圖像特質與文字表現。**臺灣兒童圖畫書導賞**（頁41-48）。臺北市：國立台灣藝術教育館。

張世彗（2013）。**創造力：理論、技法與教學**。臺北市：五南圖書出版公司。

張玉佩（2002）。創造力可以教嗎？談影響創造力發展的相關因素。**資優教育季刊**，84，22-30。

張春興（2007）。**教育心理學：三化取向的理論與實踐**（重修二版）。臺北市：東華書局。

教育部（2018）。十二年國民基本教育課程綱要─藝術領域。https://www.rootlaw.com.tw/Attach/L-Doc/A040080081018500-1071023-1000-001.pdf

許馨文（2016）。**「繪本創作教學方案」對幼兒創造力之影響**

（未出版之碩士論文）。國立臺灣師範大學創造力發展碩士在職專班，臺北市。

陳嬿如（2008）。**創造性繪本教學方案對國小低年級學生創造力之影響**（未出版之碩士論文）。國立臺灣師範大學教育心理與輔導學系，臺北市。

黃秀雯、徐秀菊（2004)。繪本創作之創意思考教學研究──從觀察、想像到創意重組。**藝術教育研究**，8，29-71。

鄭明進（1996）。**認識兒童讀物插畫**。臺北市：天衛出版。

蘇振明（1998）。認識兒童讀物插畫及其教育性。**美育月刊**，91，1-10。

蘇振明（2002）。圖畫書的定義與要素。載於徐素霞（編）。**臺灣兒童圖畫書導賞**（頁 13-15）。臺北市：國立臺灣藝術教育館。

# 第七章　閱讀策略融入數學課程之教學實例

林巧敏[11]

彭家文[12]

　　本文旨在探討閱讀理解策略融入國小三年級數學教學對於學童學習動機及學習成效之影響，研究採前實驗研究法的單組前後測設計，以南投縣某國小三年級整班學生為對象，進行八週教學實驗，採用「數學學習動機量表」、「數學學習態度量表」、「數學測驗題本」為研究工具，進行教學前後測分數之成對樣本 t 檢定，探討經過閱讀理解策略融入教學後，對於學生學習動機及學習成效的影響是否達到顯著差異。研究結果顯示閱讀策略融入數學教學，在學習動機及學習成效方面皆有提升，且達到統計顯著差異，學童對於閱讀策略融入數學教學的好感度也高於傳統教學方式。

---

[11] 國立政治大學圖書資訊與檔案學研究所教授

[12] 南投縣弓鞋國小教師

## 壹、前言

　　聽、說、讀、寫早已被納入九年一貫的國民義務基礎教育語文能力指標項目，教育政策隨著時代改革，現今的十二年國教更為關注「閱讀」的能力（教育部，2019）。108 課綱的實施以「成就每一個孩子：適性揚才、終身學習」為願景，並以學童為學習之主體，強調核心素養為課程發展之主軸，素養導向的閱讀推動也成為各教育機關、師長所努力的目標。除了教育政策的改變，如今的國中會考亦反映出教育政策對於閱讀的看重，數學、物理科不再強調以往比重高的計算能力，社會科及語文等科目也不再是「背多分」，更多的考題是融入生活的閱讀題材。

　　閱讀不只反映在語文教育的學習，同時會反映在各學科的學習。根據教師在教學現場的觀察，數學科往往是大部分學童學習過程的罩門，不僅感到沒興趣，且覺得困難，往往隨著年級愈大學習壓力也愈大（Hagena, Leiss & Schwippert, 2017；陳英，2006）。大部分的學童在解數學問題時，即使學會基本的運算能力，但若遇到大量文字的應用題、文字數字混合的是非題或選擇題時，時常不知道該如何解題，尤其當文字量愈多時，愈容易解題錯誤，或是省略文字閱讀直接用數字計算，久而久之，學習數學的挫折感愈高，數學逐漸變成學童學習中最害怕的科目之一（Garderen, 2004；Gomez, Pecina, Villanueva & Huber, 2020）。

數學文本有其特殊性，包含數學語言的符號化、邏輯化、抽象性、嚴謹性等，這些特殊符號和抽象概念，容易造成學習者在學習數學時產生數學閱讀理解的困難（Kikas, Mädamürk & Palu, 2020；秦麗花，2006）。在 108 課綱中也提及數學素養的基本理念，強調數學是一種語言，因此，學會閱讀數學變成學好數學的基礎。根據研究指出學童在數學解題失敗的主要原因為：對數學題意理解錯誤、只運用數學問題關鍵字做解題判斷、忽略題意直接用相同單元所教的方法解題（林麗華，2006；張景媛，1994；Astrid, 1994；Garderen, 2004），這些問題顯然皆與數學題意的閱讀息息相關，代表閱讀能力對於數學學習的影響非常深遠。

研究顯示閱讀對於學童學習數學有一定的影響力，不僅是反映在讀題方面，在解題表現上更是明顯，當學童的數學閱讀理解程度愈佳，其解題表現、成績也愈優異（Anselmo, Yarbrough & Kovaleski, 2017；秦麗花，2007）。然而，數學語言與一般語言不同，數學的閱讀會不同於一般文字的閱讀，在具備基本讀寫技巧的同時，也需要具備數學的邏輯概念，其閱讀技巧也較為特殊（Nicolas & Emata, 2018；秦麗花、邱上真，2004）。過往對於數學科教學的研究比較關注教學法的探討，對於閱讀策略的應用比較缺乏教學實證的分析。因此，本文藉由「數學閱讀」的方式，嘗試將「數學」與「閱讀」做更多的結合，讓更多的學童能因提升閱讀能力而愛上數學，並學好數學。具體而言，本文研究目的在於：

一、分析閱讀策略融入數學教學前後，對於國小三年級學童數學科的學習動機的改變。
二、調查國小三年級學童對於閱讀策略融入數學教學之學習態度，進而提出數學科實施閱讀教學之建議。
三、探討將閱讀策略融入數學教學，對於國小三年級學童學習成效的改變。

　　本文研究試圖藉由閱讀策略融入數學科的教學研究，瞭解學童是否會因閱讀理解能力的改變而影響數學科學習動機和態度，同時探討閱讀策略對於數學成績的影響程度，期許能幫助學童找到適合自己的學習方式，降低學童學習數學的壓力，甚至帶來學習成效的正面影響。

## 貳、文獻探討

### 一、閱讀策略融入教學理論

　　現代人因應日常生活及工作所需皆離不開資料的閱讀，閱讀成為人們獲取資訊的主要憑藉。早期認為閱讀是從包含圖畫、圖表、文字等書面資料的文本中提取意義的過程，以心理學的角度而言，閱讀是一連串的刺激與反應連結，讀者接受來自文本的刺激，而被動的接受訊息（Gibson & Levin, 1975）。但受到認知心理學的影響後，閱讀不僅只是從文本提取意義的過程，閱讀的理解能力受到重視，閱讀理解被視為讀者在閱讀

活動中的心理建構過程（邱筠茹，2020）。

心理學派學者 Gagné（1985）主張閱讀理解的歷程可分成四個階段，分別為解碼（decoding）、文意理解（literal comprehension）、推論理解（inferential comprehension）以及理解監控（comprehension monitoring）。

Mayer（1987）將閱讀理解的歷程分為基礎的閱讀理解和高層次的閱讀理解歷程。Burns, Roe 與 Ross（1999）的概念和 Mayer（1987）相似，同樣是將閱讀理解分為低層次與高層次，在低層次的閱讀理解中包含了掌握文本字面意義、細節、相互關係的解釋性；在高層次的閱讀理解中包含探索作品深層意義、合理推斷的詮釋性。在近代較有影響力的閱讀理論中，Kintsch（1988）認為閱讀理解是統整模式（construction-integration model），閱讀是讀者不斷建構與統整文章中的知識訊息，並結合讀者的先備知識所產生的心理表徵歷程（連啟舜、陳弘輝、曾玉村，2016）。此論點是強調閱讀理解為思考的過程，需要透過讀者與文本的互動，經由語言文字產生理解所需的訊息，形成概念後再發展假設，並修正先前的預測。因此，現代學者多將閱讀理解分成文本理解與深度理解，文本理解是指在文字理解的基礎上，能從文本表面理解閱讀的內容，能夠直接從文本中提取訊息的理解；而深度理解則是進一步能夠將文本進行重組、解釋、延伸或是批判，是一個較高層次的理解（Burns, Roe & Ross, 1999； Lerner, 2003；柯華葳，2010；許育健、徐慧鈴、林雨蓁，2017）。

由於閱讀是複雜的心智運作過程，為了能瞭解文章的內容意義，需要有策略協助有效的閱讀，故「閱讀策略」是指讀者在與文章的互動過程中，進行若干為了增進對文章理解的所有心理或行為上的活動，而這些活動有助於讀者了解文章的重點、適當地分配注意力及有效監控自己整個閱讀的歷程。簡言之，是讀者面對不同內容選擇適合的閱讀方式，以理解所讀取的資料，達到閱讀與學習目的之程序。

　　Gagné（1985）基於訊息處理的觀點，將閱讀理解的歷程分為解碼（識字）、文意理解、推論理解與理解監控四個階段。在不同閱讀階段有不同閱讀策略，以協助讀者理解文本內容（Pressley, Goodchild, Fleet, Zajchowski & Evans, 1989）：

（一）在解碼階段：當閱讀文字有困難時，可使用查字典、尋求他人協助、對照上下文關係猜測、略過等策略。

（二）在文意理解階段：當無法理解文句意義時，可使用重新瀏覽全文、劃重點、分段閱讀、自我問答、做筆記、分析文章結構、圖示文章結構等策略。

（三）在推論理解階段：讀者需要運用先備知識幫助理解，並判斷文章觀點正確性，常會利用寫下新發現與感想，以及聯想產生推論等策略。

（四）在理解監控階段：讀者為瞭解自己是否理解文章意義，可採用自我評估，確認自己理解程度，並可依評估結果使用自我調整策略幫助理解。

　　「閱讀」包含識字與理解兩個過程，是以識字為基礎，達

到理解的目標，期間涉及複雜的心智運作過程，如以心理認知層面分析閱讀策略，有將閱讀策略概分為兩類：一是為達到理解目的而採行的「認知策略」，如：做筆記、劃重點、分析文章結構等；另一為覺知與控制自己理解狀態所採行之「後設認知策略」，如：計畫、自我評估、提問、調整閱讀速度、重讀等（連啟舜，2002）。讀者能透過學習過程將「認知策略」內化為閱讀習慣，在每次閱讀時自動產生，只有當遭遇困難時「後設認知策略」才會運作（Garner, 1987）。Dole, Duffy 與 Pearson（1991）基於認知心理學研究，統整有助於閱讀理解的策略，根據閱讀歷程分為下列階段：

（一）決定文章重要部分：可判斷出文章重要的訊息與無關訊息，並能判斷出文章重點及需要瞭解的領域知識、作者意圖與文章結構知識。故此部分可發展出分析文章結構、找出關鍵字、主題句等策略。

（二）摘要文章中訊息：摘要過程是濃縮文章，綜合讀者想法產生與文章原本內容一致的新文章，此時需要具備保留資訊與刪除資訊、整合內容等能力。

（三）產生推論：讀者在建構文章意義時會大量地使用推論策略，填補文章空隙，並且精緻化所讀到的內容，採推論策略可加深讀者對於文章的理解。

（四）提出問題：讀者自我發問可以促進深度思考，交互教學法就是利用互相提問方式促進理解。

（五）監控理解：閱讀監控的歷程可以讓讀者覺察自己的理解

程度和狀況，當發現理解不足時，也知道該繼續作什麼，此部分「監控理解」和「修復策略」是幫助讀者發現自己理解問題的程度，並使用適當策略幫助理解，例如：回頭看文章或是調整閱讀速度。

潘麗珠（2009）認為閱讀策略是為了達成某些閱讀目標，所採取的一系列有計畫之方法和技巧。在閱讀過程中，為了促進對於文本內容的理解，閱讀者會交叉運用於閱讀過程中的方法，包含：

（一）同化：將閱讀文本與舊經驗連結或套用在類似的情境上。
（二）聯想：將文本內容轉化成圖像，發揮想像力進行延伸性聯想。
（三）找關鍵詞：用關鍵字句分析文本內容的架構來理解文意。
（四）摘要：將文本的重點歸納與統整，擷取重要片段。
（五）預測：藉由經驗預測故事的下一步或結果來幫助擴寫或接寫。
（六）推論：運用先備知識或經驗將文本內容加以推理。
（七）選擇性閱讀：閱讀時，跳過不懂或不感興趣的部分，以節省閱讀時間。
（八）自我發問：以批判的觀點或提出問題來瞭解自己的閱讀理解程度。
（九）再讀一次：對於不清楚的部分進行重讀，可以提升閱讀理解。
（十）速讀：快速閱過，加速掌握重點及節省閱讀時間。

（十一）調整閱讀速度：依文本內容調整閱讀速度。

（十二）省略不讀：閱讀時，跳過非重點片段。

（十三）反覆推敲：閱讀時，藉由先備知識的連結或線索來增強閱讀理解。

（十四）上下文：利用閱讀片段的前後文本內容來猜測字詞或文意。

（十五）插圖：利用插圖來瞭解文本內容。

（十六）尋求外在資源：尋求他人協助。

　　閱讀是彈性運用策略的歷程，讀者依其先備知識與文章產生互動，並由互動過程中進行解碼識字，進而建構文章的意義，讀者也會依文章文體或閱讀目的不同，有彈性的調整其閱讀方法，藉此達到理解的效果。但閱讀策略的進行，不必然有清楚的外顯行為，故 Padrón, Knight 與 Waxman（1986）曾以結構式訪談法分析三、四年級學童進行語文學習採用之閱讀策略，發現使用到的閱讀策略包括：類比經驗（連結）、摘要、自我發問、想像、預測、速讀、選擇性閱讀、找文章重點、重讀、調整閱讀速度等。林芷婕、徐瑞敏（2012）則以閱讀教學進行的角度，歸納教學現場常用之閱讀策略，包括：預測策略、推論策略、朗讀策略、摘要策略、提問策略、自我提問策略、結構分析（心智圖）策略、連結策略、筆記策略與畫線策略等。但研究發現施行單項個別閱讀策略教學，並不如綜合多項閱讀策略的整合式教學效果佳（Pressley, et al., 1989；胥彥華，1989；黃嶸生，2002）。因此，本文預計採用多種閱讀策

略教學，並以符合研究對象學習歷程的預測、連結、摘要、找主旨、做筆記等閱讀策略為主。

## 二、數學閱讀理解策略之探討

通常在數學課堂上所學的數學知識，講求的是概念之理解，但數學的閱讀，則更強調數學文本如何說明概念，Esty（2003）認為數學語言有其特有的句法（syntax）、詞彙（vocabulary）、詞序（word order）、同義字（synonyms）、否定詞（negations）、慣例（convention）、縮寫（abbre-viations）、句子結構（sentence structure）和段落結構（paragraph structure）等，此與一般的語文理解不同，也凸顯出數學閱讀的特殊性。

秦麗花（2006）曾彙整劉錫麟（1994）、陳靜姿（1997）、Astrid（1994）以及 Roe, Stoodt 與 Burns（1995）等研究，說明數學閱讀與數學閱讀指導的特點，包括：

（一）數學語言講求精確性，因此需清楚界定特殊語彙概念。
（二）數學文本的閱讀要精緻，不可跳躍、忽略任何文字或符號，需要反覆閱讀。
（三）數學語言具有高度的抽象性，在閱讀數學文本時，需要強化邏輯思維的能力。
（四）數學文本的閱讀過程語意轉換頻繁，閱讀者須具備靈活的思維與彈性思考的能力。
（五）數學文本的閱讀過程需結合書寫歷程，唯有動筆、工具

操作練習,才能使讀與知的歷程結合。
(六)數學詞彙常具有多義性,閱讀者要強化數學各向度知識的連結,才能有助於概念或符號的理解。
(七)在閱讀數學文本時,學童需要具備數學基模知識與一定的邏輯程度,才能有助於閱讀理解。

顯然數學閱讀需要建構在基本語文理解能力上,也反映出數學與閱讀有著密不可分的關係,加上數學語言具備高度的抽象性,比一般語言更要求精確性、嚴謹性及讀寫的結合,需要有策略的閱讀,才能促進理解(陳英,2006;秦麗花,2007;陳碧祥、魏佐容,2011)。相關研究也支持閱讀能力會影響數學學習的表現,而語文閱讀能力的高低也會限制學童數學知識的獲得(Jordan, Kaplan & Hanich, 2002；Kober, 2003；Gomez, Pecina, Villanueva & Huber, 2020)。

秦麗花與邱上真(2004)以「數學文本的閱讀理解測驗、語文閱讀理解測驗、數學圖示閱讀理解測驗、數學作圖程序理解實作測驗、數學圖形空間能力測驗、數學詞彙與符號理解測驗、數學閱讀背景知識測驗」作為研究工具,從中發現具備基本語文能力,才能談到學科閱讀,因此,認為語文理解是進入數學學習的基本門檻。這和蔣大偉(2001)、李自成(2002)、Astrid(1994)、Esty(2003)等人的研究結果一致,說明了語文程度低落會限制數學閱讀的基本表現,但具有高語文能力表現,卻不必然有良好的數學能力表現,主要還是必須要有足夠的數學先備知識為基礎。

綜上所述，可以發現數學與閱讀是密不可分的關係，閱讀能力、語文理解、數學語言的詞彙理解、數學相關先備知識都會直接影響數學能力的表現，因此，數學閱讀教學預期應該會影響學童的數學學習表現，透過數學閱讀策略教學能讓學童的數學概念更加精確，數學學習也會更為完整。

本文基於前述閱讀策略的探討，並考量數學科解題能力要求以及學生學習閱讀策略的連貫性，參考了教育部《閱讀理解策略教學手冊》（柯華葳、幸曼玲、陸怡琮、辜玉旻，2010）以及潘麗珠（2009）提出的重要閱讀技巧，將預測、連結、摘要、找主旨、做筆記等五個步驟融入於數學教學課程中，以培養學生較為完整的閱讀策略學習基礎。研究設計同時參考秦麗花（2006）所提出的數學閱讀技巧教學策略，並結合 Mayer（1987）的閱讀理解過程，將解題分成問題表徵（problem representation）和問題解決（problem solution）兩個階段理論，試圖在數學教學中融入數學閱讀的解題技巧，將閱讀理解策略融入數學科教學中，以探究閱讀策略對於國小三年級學童學習動機與學習成效的影響程度。

## 參、研究設計與實施

### 一、研究方法

本文研究採前實驗研究設計（pre-experimental design），因

執行教學研究的學校為小校，難以進行實驗組與控制組的比較，且考量學生有接受相同教學的權利，故採用前實驗設計的單組前後測，瞭解學生教學前後的學習情形變化。

教學實驗的自變項為閱讀策略融入數學教學，是以符合研究對象學習歷程的閱讀理解策略融入教學，指導學童進行解題。依變項為數學學習動機、學習成效以及學習態度，分述如下：

（一）數學學習動機：於實施閱讀策略融入數學教學前後，運用「數學學習動機量表」，探討學童接受教學後，在數學科的學習動機上是否有顯著提升。

（二）數學學習成效：於實施閱讀策略融入數學教學後，採用數學測驗題本，探討學童接受教學後，在數學科的學習成效上是否有顯著提升。

（三）數學學習態度：於實施閱讀策略融入數學教學前後，運用「數學學習態度量表」，探討學童接受教學後，對於數學學習態度之改變。

教學實驗時間為每週 4 節之數學課，從學期第 13 週開始至第 20 週結束，每次教學時間為一節課 40 分鐘，每週 4 節，總共實施八週共 32 節課。教學前學童先填寫第一次「數學學習動機量表」以及進行數學測驗為前測，前測測驗範圍為國小二年級數學學習內容；接續進行為期八週的閱讀策略融入數學教學，並於第二次學期評量週實施兩次測驗為後測。完成數學測驗後測一與後測二之後，學童再填寫第二次「數學學習動機量表」以及一份「數學學習態度量表」。

## 二、研究對象

　　研究場域原為南投縣非山非市區某國小，因少子化影響於本學期開始列為偏遠地區學校，教學實驗對象為國小三年級某班學童，共計 19 人（男生 8 人，女生 11 人）。學生由二年級升三年級時重新編班，編班方式為常態分配之 S 型編班，各班學童學習能力分布平均。學區家長多從事茶葉相關工作，研究對象在校時間長，多數家長忙於工作，較無閒暇時間陪伴學童，學童之數學學習能力皆仰賴學校教學，也鮮少參加課後補習。

## 三、研究工具

　　本文為瞭解閱讀策略融入數學教學對於學童學習動機與學習成效的影響，採用黃生源（2012）編製的「數學學習動機量表」，於教學前後提供受測者填答，並於教學後填答「數學學習態度量表」。兩份量表係根據文獻及國內學習情境編修文字而成，且經過測試問卷信度後被用於教學實驗。

　　「數學學習動機量表」內容分為六個構面，分別是「自我效能」、「主動學習策略」、「數學學習價值」、「表現目標導向」、「成就目標」與「學習環境誘因」，共 25 題，問卷六面向之 Cronbach's Alpha 值均高於 0.7，顯示信度良好。「數學學習態度量表」為符合三年級學生施測情境，重新編修問卷文字，編修後內容經過 4 位數學教師及 1 位心理科系教授共同討論，檢核問卷內容後，提供教學施測。

量表皆採 Likert 五點量表為計分方式，每題皆為單選題，選項分為「非常同意」、「同意」、「普通」、「不同意」、「非常不同意」五個選項，採計分數為 5 分、4 分、3 分、2 分、1 分，問卷及量表總分愈高，表示學童數學科學習動機及學習態度愈強。

　　學習成效之評量採用「109 年學力檢測數學科三年級試卷」（國立臺中教育大學測驗統計與適性學習研究中心，2020）、「康軒版二、三年級教科書補充教材」（康軒文教事業，2021）之試題為基礎，編修三份適合之數學測驗題本作為研究工具，每份題本分別有 10 題選擇題、15 題填充題、10 題應用題，配分均相同，總計 100 分。三份測驗題本皆提供題本之雙向細目表，依據 Anderson 與 Krathwohl（2001）的研究，雙向細目表能描述出一份測驗所包含之內容與評量的能力，為提高試題的內容效度，命題者採用雙向細目表以確保測驗內容能反映出學習單元內容，並真正評量出預期的學習成果。此三份測驗題本之雙向細目表，無論是前測、後測一與後測二的測驗題本在課程內容、試題類型、認知層次之配分相同，三份題本具有很高的內容關聯性。

## 四、研究實施過程

　　教學設計主要參考《閱讀理解策略教學手冊》（柯華葳、幸曼玲、陸怡琮、辜玉旻，2010），該手冊由教育部委託中央

大學研究團隊經由徵選教學現場教案，提供教學設計範例，協助教師將閱讀策略化成清楚可執行的步驟，可提供教師立即應用於教學中。因此，本文以此教學手冊為學習樣本，配合教學進度單元，並根據全國圖書教師輔導團建置之「國小圖書資訊利用教育教學綱要」教學簡報設計教材內容（全國圖書教師輔導團，2020），指導學生從讀題、理解題意開始，透過結合預測、連結、摘要、找主旨等閱讀策略的學習，甚至延伸至做筆記策略的運用。雖然做筆記策略為國小高年級的學習成分，但數學解題需要更多閱讀理解能力的運用，考量教學設計的連貫性，也加入做筆記的基本練習。實驗教學過程如下：

（一）教學活動前實施前測：於教學活動前（準備週），進行一次前測，前測內容為國小二年級數學科範圍之數學閱讀題型，瞭解學童之起點能力。同時，進行第一次學習動機量表填寫，記錄學童之學習動機。

（二）進行閱讀策略融入教學活動：教學為期八週，扣除第一週準備週實施前測，其餘七週為教學週。教學時間為每週數學課時間，依據教育部頒訂十二年國民基本教育課程綱要總綱規定，於108課綱實施後，每週數學課為4節。教學方式為閱讀策略融入數學科教學中，融入預測、連結、摘要、找主旨、做筆記等閱讀策略，讓學童熟悉數學題型以及訓練解題，鼓勵學童在解題過程留下閱讀技巧痕跡，教學過程解說範例儘量採用閱讀題型，便於教學解說。

（三）教學活動後實施後測與問卷：教學活動結束後，於第8週進行兩次後測，分別測試國小二年級數學科範圍之數學閱讀題型及三年級數學科範圍之數學閱讀題型。並進行第二次學習動機量表以及一次學習態度量表填答，以瞭解學童之學習動機與學習態度情形。

（四）省思與修正：在實施後測和閱卷後，檢視學童答題情況以及課堂學習情形，進行試卷檢討，作為日後教學分析及修正參考。

## 肆、研究結果分析

### 一、閱讀策略融入教學對於數學學習動機的影響

數學學習動機量表共分為六大面向，分別是「自我效能」、「主動學習策略」、「數學學習價值」、「表現目標導向」、「成就目標」、「學習環境誘因」。分析數學學習動機量表前、後測平均數的改變，發現後測平均數多數高於前測，尤其在「自我效能」與「主動學習策略」的面向特別明顯，顯示學童在進行閱讀策略融入數學教學後，數學學習動機有提升，而且自我學習意願改變幅度大。「表現目標導向」在前、後測平均數的改變數值偏低，甚至出現正值，反而說明部分學童學習動機有改變，把努力學數學不再是為了得到他人認可，對於學習目標想法產生改變。若檢視前後測的標準差，可知除

了「表現目標導向」的後測標準差比前測高之外，其餘面向的後測標準差皆比前測低，代表學童在經過「閱讀策略融入數學教學」後，對於各題項的認知程度更為集中（表 7-1）。即使是「表現目標導向」面向的標準差比其他題組分散，同樣也是支持說明學童經過「閱讀策略融入數學教學」後，對於學習數學的目標認知已改變，不再是只為取得他人認可。

表 7-1　數學學習動機各題目分數統計表

| 面向 | 題目 | 前測-後測平均數 | 前測標準差 | 後測標準差 |
| --- | --- | --- | --- | --- |
| 自我效能 | 1.無論數學的內容是簡單或是困難，我都有信心能夠學會。 | -1.6111 | 1.12749 | 0.48507 |
|  | 2.我在學習數學時，即使遇到困難，我也不會輕易放棄。 | -1.3889 | 1.09813 | 0.42779 |
|  | 3.我有信心能在數學測驗時獲取好成績。 | -1.0555 | 1.09813 | 0.64676 |
| 主動學習策略 | 4.我在學習新的數學知識時，會努力去瞭解它。 | -1.2778 | 1.01782 | 0.68599 |
|  | 5.當我在學習數學遇到不懂時，我會向老師或同學請教。 | -1.2778 | 0.85749 | 0.58298 |
|  | 6.當我在學習數學遇到不懂時，我會努力弄懂。 | -1.1111 | 0.98518 | 0.72536 |
|  | 7.當我算錯數學答案時，我會努力瞭解算錯的原因。 | -0.8333 | 1.26284 | 0.84984 |
|  | 8.對於數學課程中較為困難的學習內容，我會直接跳過不碰它。 | -1.8333 | 0.89479 | 0.47140 |

| 面向 | 題目 | 前測-後測平均數 | 前測標準差 | 後測標準差 |
|---|---|---|---|---|
| 數學學習價值 | 9.在學習數學的過程中，我會盡量選擇較簡單的題目回答。 | -2.2222 | 0.87820 | 0.76696 |
| | 10.我認為學習數學可以讓我更聰明。 | -0.5 | 1.31978 | 0.80845 |
| | 11.我認為學習數學能夠讓我學會解決問題。 | -0.6112 | 1.04164 | 0.80237 |
| | 12.我認為學習數學可以滿足我的好奇心。 | -0.7222 | 1.01782 | 0.51131 |
| | 13.我認為學習數學對我的日常生活有幫助。 | -0.8889 | 1.02899 | 0.64676 |
| 表現目標導向 | 14.我努力學習數學，是為了得到好成績。 | 0 | 0.99836 | 1.16175 |
| | 15.我努力學習數學，是為了表現比同學好。 | 0.3334 | 0.98518 | 1.20049 |
| | 16.我努力學習數學，是為了得到父母的讚美與認同。 | 0.0556 | 0.75190 | 1.16597 |
| | 17.我努力學習數學，是為了得到老師的讚美與認同。 | -0.5 | 0.98518 | 1.08465 |
| | 18.我努力學習數學，是為了讓同學認為我很聰明。 | 0 | 0.92355 | 1.24853 |
| 成就目標 | 19.當我數學的成績表現優良時，我覺得很有成就感。 | 0 | 0.75190 | 0.82644 |
| | 20.當我成功完成困難的數學題目時，我覺得很有成就感。 | -0.4444 | 0.90025 | 0.68599 |
| | 21.上數學課程時，當老師認同我的想法，我會覺得很有成就感。 | -0.5556 | 0.98352 | 0.68599 |

| 面向 | 題目 | 前測-後測平均數 | 前測標準差 | 後測標準差 |
|---|---|---|---|---|
| 學習環境誘因 | 22.我願意學習數學並參與數學課程，是因為數學課程很有趣。 | -1.1667 | 0.98518 | 0.59409 |
| | 23.我願意學習數學並參與數學課程，是因為數學很有挑戰性。 | -0.3333 | 1.04319 | 0.98518 |
| | 24.我願意學習數學並參與數學課程，是因為我的學習有被老師重視。 | -1.7222 | 0.78591 | 0.54832 |
| | 25.我願意學習數學並參與數學課程，是因為老師沒有給我壓力。 | -0.3889 | 0.89479 | 0.58298 |

　　閱讀策略融入數學教學後，除了「表現目標導向」外，其餘題項的後測平均數皆高於前測平均數，採用前測、後測得分，以成對樣本 t 檢定檢驗顯著性，計算後 t 值為-10.651，雙尾顯著性 p 值是 .000<.05，達到統計的顯著水準，表示進行閱讀策略融入教學後，學童之數學學習動機的前測與後測分數達到顯著改變（表 7-2）。

表 7-2　數學學習動機分數成對樣本 t 檢定

| 總分 | 平均數 | 標準差 | 標準誤平均值 | 95%信賴區間 | | t 值 | 自由度 | 顯著性(雙尾) |
|---|---|---|---|---|---|---|---|---|
| | | | | 下限 | 上限 | | | |
| 前測 | 2.9622 | .56825 | .13394 | | | | | |
| 後測 | 3.7644 | .41271 | .09728 | | | | | |
| 前測-後測 | -.80222 | .31955 | .07532 | -.96113 | -.64331 | -10.651 | 17 | .000 |

將數學學習動機量表六大面向分別檢測前測、後測差異，可進一步探究不同面向的前後測表現差異，採用成對樣本 t 檢定後，顯示各面向之平均數於閱讀策略融入數學教學後皆有提升，而且 t 檢定的 $p$ 值除「表現目標導向」外，其餘五個面向皆有達到統計上的顯著性（$p$ 值<.05），可知實施閱讀策略融入數學教學後，能提升學童在「自我效能」、「主動學習策略」、「數學學習價值」、「成就目標」與「學習環境誘因」等五個面向的數學學習動機（表 7-3）。

表 7-3　數學學習動機各面向顯著性的差異分析

| 面向 | 平均數 | 標準差 | 相關係數 | 相關性$p$值 | t檢定$p$值 |
| --- | --- | --- | --- | --- | --- |
| 自我效能 | ＋1.35185 | .80417 | .639 | .004* | **.000*** |
| 主動學習策略 | ＋1.42593 | .60289 | .615 | .007* | **.000*** |
| 數學學習價值 | ＋.68056 | .67956 | .694 | .001* | **.001*** |
| 表現目標導向 | ＋.02222 | .70923 | .716 | .001* | .896 |
| 成就目標 | ＋.33333 | .39606 | .823 | .000* | **.002*** |
| 學習環境誘因 | ＋.90278 | .51549 | .491 | .038* | **.000*** |

*$p$ 值<.05

## 二、閱讀策略融入數學教學對於數學學習態度之影響

「學習態度量表」是為瞭解學童在進行閱讀策略融入數學教學後，學童認為對學習態度的改變。分析學童填答數學學習態度量表的結果，呈現學童對於閱讀策略融入數學教學相較於

傳統數學教學方式，多數持認同態度，勾選「非常同意」與「同意」的比率比較多，標準差除了第 1 題外，皆小於 1，表示學童的答題選項也比較集中，並無出現兩極化之現象（表 7-4）。統計問卷數值分析，解釋如下：

（一）比起傳統數學教學，學童更喜歡閱讀策略融入數學教學：學童喜歡閱讀策略融入數學教學多於傳統數學教學的認同平均數為4.17，填答「非常同意」與「同意」的比率總和高達88％。

（二）學童認為閱讀策略融入數學教學讓數學變簡單和易懂：學童認為閱讀策略融入數學教學讓數學變簡單的認同平均數為4.28，填答「非常同意」與「同意」的比率總和高達94％。

（三）學童認為閱讀策略融入數學教學讓學習數學更有成就感：學童認為閱讀策略融入數學教學讓學習數學更有成就感的認同平均數為4.17，填答「非常同意」與「同意」的比率總和高達94％。

（四）學童在進行閱讀策略融入數學教學後，願意花更多時間學習數學：高達78％的學童在進行閱讀策略融入數學教學後，願意花更多時間學習數學，認同平均數為4。

（五）學童認為閱讀策略融入數學教學可以增加對於學習數學的興趣：填答認同平均數為4.06，填答「非常同意」與「同意」的比率總和高達83％，顯示學童認為閱讀策略融入數學教學可以增加對於學習數學的興趣。

（六）學童認為閱讀策略融入數學教學可以使數學成績更進步：填答「非常同意」與「同意」的比率總和高達89％，認同平均數為4，顯示多數學童認為閱讀策略融入數學教學可以使數學成績更進步。

（七）多數學童認為閱讀策略融入數學教學可以增加學習數學的專注度：填答認同平均數為3.78，是所有題項平均數最低者，但填答「非常同意」與「同意」之比率總和依然達67％，有33％為「普通」，並無不認同者。

（八）學童認為閱讀策略融入數學教學會使學習數學的過程減少粗心：填答認同平均數為4，其中「非常同意」與「同意」的比率總和為72％，代表多數學童認為閱讀策略融入數學教學減少學習數學過程的粗心問題。

表 7-4　學習態度量表分析表

| 題目 | 非常同意 | 同意 | 普通 | 不同意 | 非常不同意 | 平均數 | 標準差 |
|---|---|---|---|---|---|---|---|
| 1.跟傳統數學教學比較，我喜歡閱讀策略融入數學教學。 | 8 (44%) | 8 (44%) | 0 (0%) | 1 (6%) | 1 (6%) | 4.17 | 1.0981 |
| 2.跟傳統數學教學比較，閱讀策略融入數學教學讓我覺得數學變簡單易懂。 | 6 (33%) | 11 (61%) | 1 (6%) | 0 (0%) | 0 (0%) | 4.28 | 0.5745 |

| 題目 | 非常同意 | 同意 | 普通 | 不同意 | 非常不同意 | 平均數 | 標準差 |
|---|---|---|---|---|---|---|---|
| 3.跟傳統數學教學比較，閱讀策略融入數學教學讓我在學習數學上更有成就感。 | 5 (28%) | 12 (66%) | 0 (0%) | 1 (6%) | 0 (0%) | 4.17 | 0.7071 |
| 4.跟傳統數學教學比較，閱讀策略融入數學教學讓我願意花更多時間學習數學。 | 4 (22%) | 10 (56%) | 4 (22%) | 0 (0%) | 0 (0%) | 4 | 0.6860 |
| 5.跟傳統數學教學比較，閱讀策略融入數學教學讓我增加對於學習數學的興趣。 | 6 (33%) | 9 (50%) | 2 (11%) | 0 (0%) | 1 (6%) | 4.06 | 0.9983 |
| 6.跟傳統數學教學比較，閱讀策略融入數學教學使我的數學成績更加進步。 | 7 (39%) | 9 (50%) | 2 (11%) | 0 (0%) | 0 (0%) | 4.28 | 0.6691 |
| 7.跟傳統數學教學比較，閱讀策略融入數學教學使我在學習數學上更加專注。 | 2 (11%) | 10 (56%) | 6 (33%) | 0 (0%) | 0 (0%) | 3.78 | 0.6468 |

| 題目 | 非常同意 | 同意 | 普通 | 不同意 | 非常不同意 | 平均數 | 標準差 |
|---|---|---|---|---|---|---|---|
| 8.跟傳統數學教學比較，閱讀策略融入數學教學使我在學習數學時減少粗心。 | 6 (33%) | 7 (39%) | 4 (22%) | 1 (6%) | 0 (0%) | 4 | 0.9075 |

## 三、閱讀策略融入數學教學對於學習成效之影響

本文於教學前進行前測記錄初始分數，教學後進行兩次後測，比較學習成效的改變。數學測驗試題包含選擇題、填充題與應用題，三份單元測驗題皆涵蓋三個學習單元以及三種認知層次的題型分布，並有試題本的雙向細目表，作為測驗內容認知層次配分依據。本文分開統計三個教學單元以及三種認知層次的測驗答題結果，可探討學童經過閱讀策略融入數學教學後，在不同單元與不同認知層次的學習成效。

數學測驗題項對於三個認知層次的設計，係根據 Bloom（1956）的認知層次進行各題項命題，在前測、後測一與後測二皆有「知識」層次、「理解」層次、「應用、分析、綜合、評鑑」層次的相同配分。以下統稱「知識」層次為「認知層次一」；「理解」層次為「認知層次二」；「應用、分析、綜合、評鑑」層次為「認知層次三」。

統計數學測驗不同單元的課程內容、認知層次之前後測平均

數、標準差、相關係數、相關性 $p$ 值與 t 檢定 $p$ 值（表 7-5），結果顯示後測一與後測二的數學測驗成績平均數經閱讀策略融入數學教學後皆有提升，且相關性 $p$ 值全數均達到顯著性，顯示在數學學習單元與認知層次的前後測改變具有相關性，而且 t 檢定 $p$ 值除了在「前測與後測一」的單元二和層次一，以及「前測與後測二」的認知層次一，未達統計上顯著值之外，其餘課程內容與認知層次皆有達到顯著性，代表實施閱讀策略融入數學教學後，學童在不同課程單元內容與不同認知層次的學習成效有顯著改變。

表 7-5 數學閱讀測驗之課程內容與認知層次差異分析

| 課程內容與認知層次 | | 平均數 | 標準差 | 相關係數 | 相關性 $p$ 值 | t 檢定 $p$ 值 |
|---|---|---|---|---|---|---|
| 前測與後測一之差異 | 學習單元一 | +4.88889 | 6.09618 | .480 | .044* | **.003*** |
| | 學習單元二 | +1.83333 | 5.51202 | .550 | .018* | .176 |
| | 學習單元三 | +10.38889 | 5.83235 | .596 | .009* | **.000*** |
| | 認知層次一 | +1.27778 | 3.51142 | .629 | .005* | .141 |
| | 認知層次二 | +3.9444 | 3.47211 | .476 | .046* | **.000*** |
| | 認知層次三 | +11.88889 | 7.05348 | .713 | .001* | **.000*** |
| 前測與後測二之差異 | 學習單元一 | +5.37500 | 4.85745 | .642 | .004* | **.000*** |
| | 學習單元二 | +3.77104 | 5.69324 | .514 | .029* | **.012*** |
| | 學習單元三 | +9.11111 | 6.38831 | .480 | .044* | **.000*** |
| | 認知層次一 | +.00794 | 3.93112 | .577 | .012* | .993 |
| | 認知層次二 | +4.72222 | 3.11174 | .599 | .009* | **.000*** |
| | 認知層次三 | +13.42735 | 7.03789 | .713 | .001* | **.000*** |

*$p$ 值<.05

## 伍、結論與建議

根據前述教學研究結果，歸納本文研究結論如下：

一、閱讀策略融入數學教學對於學童數學學習動機提升有顯著差異。

根據數學學習動機量表前測與後測之結果分析，學童後測整體平均數高於前測，數據顯示學童的數學學習動機整體分數有上升，可推論出受測學童在經由閱讀策略融入數學教學後，對其數學學習動機有明顯提升；整體分數之 t 檢定 $p$ 值達到顯著差異，表示閱讀策略融入數學教學能影響學童的數學學習動機，且影響達到顯著性。

將數學學習動機量表分六面向統計，學童在數學學習動機六面向之平均數皆有提升，且在「自我效能」、「主動學習策略」、「數學學習價值」、「成就目標」、「學習環境誘因」的 t 檢定 $p$ 值均達到顯著差異，根據數據所獲得的結論是實施閱讀策略融入數學教學，能提升學童在「自我效能」、「主動學習策略」、「數學學習價值」、「成就目標」、「學習環境誘因」的數學學習動機。此與過往探究數學學習動機的教學研究結果相仿（黃生源，2012；李勇輝，2017；蕭佳純，2017），當教師進行創意教學後，學童學習動機能獲得提升，而學習動機也會對於學習成就帶來正面影響。因此，教師的創意教學扮演了學童學習動機與學習成就之間的調節角色，當教學方式能提

升學習動機時，學生的學習成效會更好。

二、學童對於閱讀策略融入數學教學方式的好感度高於傳統數學教學。

根據學習態度量表分析結果顯示，學童對於閱讀策略融入教學方式的認可程度，皆達平均數以上，且填答「非常同意」與「同意」的比率高，可知與傳統數學教學方式相比，學童更喜歡閱讀策略融入數學教學的方式。與前人研究相佐（黃生源，2012；張志傑，2014；董育銘，2018），可知導入不同教學方式，以閱讀策略融入數學科教學能提供學童數學解題的閱讀技巧與方法，讓學童感受到數學變簡單好懂，而且數學科成績有進步，運用閱讀策略可以提升專注度，能減少在數學學習的粗心，不僅驅動學童更有信心學習數學，也能使學童更願意花時間學習數學，可提升對於學習數學的態度。

三、閱讀策略融入數學教學能提升學童的數學學習成效。

根據數學測驗成績分析結果顯示，後測一與後測二之測驗成績平均數皆高於前測成績，且全數受測學童之測驗成績均有提升現象，後測一與後測二和前測平均數相比，皆能增加 15 分以上，檢定數學測驗分數的 t 檢定 $p$ 值均達到顯著差異，代表閱讀策略融入數學教學有助於提升學童數學學習成效，改變程度達到統計的顯著差異。

此外，後測一與後測二的成績標準差相較於前測成績有明顯減少，代表學童經由閱讀策略融入數學教學後，其

數學測驗成績的分布更集中,能縮小學生成績分布的高低落差,並由成績紀錄觀察獲得印證,經過閱讀策略融入數學教學後,後測成績之最高分與最低分差距明顯縮減,明顯進步者為前測表現低分群的學童,因接受教學後有明顯成績進步,因而縮小標準差數值,此與過往蘇意雯等人(2015)、陳信豪和黃瓊儀(2020)的研究結果相仿,教學成果對於學習成就低的學童影響,能有更明顯的進步。

將數學測驗成績分別進行課程單元內容與認知層次成績分析,結果顯示學童經過閱讀策略融入數學教學後,對於各單元內容之測驗成績與各認知層次之測驗成績均有提升,除認知層次一之外,其餘課程內容與認知層次之 t 檢定 $p$ 值均達到顯著差異,代表閱讀策略融入數學教學可以改變學童在各單元學習內容與認知層次的學習成效,且能達到統計的顯著性。

根據前述研究發現,本文提出教學建議,如下:

一、教師實施閱讀策略融入數學教學之態度。

根據本文發現數學學習動機量表的填答結果,在「表現目標導向」的試題「我努力學習數學,是為了得到老師的讚美與認同」的分數為該面向分數之最高分;在「成就目標」的試題「上數學課程時,當老師認同我的想法,我會覺得很有成就感」的分數為該面向最高分;在「學習環境誘因」的試題「我願意學習數學並參與課程,是因為數學課程很有趣」與「我願意學習數學並參與課程,是因為

我的學習有被老師重視」的分數為該面向之最高分。根據此結果推論，學童在接受閱讀策略融入數學教學時，數學學習動機的改變會受到教師的影響。因此，建議教師在進行閱讀策略融入數學教學時，能多予學童正向鼓勵、支持與讚美；在未來教學的過程中，應能帶給學童更好的學習成就感。

二、善用閱讀策略技巧引導數學學習。

閱讀策略融入數學教學的重點著重在閱讀策略技巧與數學教學技巧的結合，在傳統的數學教學模式中，強調的是大量的試題練習，訓練學童對於數學試題的解題能力，過往若是在試題的題幹敘述做變化，學童在解題、作答過程就會發生問題。但本文在批改學童數學測驗題本時發現，學童在進行後測一與後測二解題時，會大量使用閱讀策略技巧，包含在題幹敘述上畫線、圈重點關鍵字，甚至在圖形、選項上製作筆記，方便自己在解題過程中對題目題意的閱讀與理解。所有受測者的測驗卷，雖然不是每個題目皆有使用閱讀策略協助作答的痕跡，但研究者觀察發現在相同試題中，有使用閱讀策略融入技巧的試題答對率較高，整體測驗成績也比較高。因此，本文建議教師在使用閱讀策略融入數學教學時，教學者需要精進閱讀策略技巧，在教學過程中善用技巧引導學童進行數學解題學習，協助培養學童可運用閱讀策略融入數學解題的能力。

三、設計多元之高層次數學閱讀試題。

分析數學閱讀測驗之教學單元內容與認知層次差異，根據研究結果可知閱讀策略融入數學教學在各單元課程內容與各認知層次之試題中，除認知層次一的試題外，均可達到顯著差異。本文認為認知層次一屬於知識層次，在數學學習的表現上強調數學觀念的記憶與認知，例如加法、減法在直式上要對齊等基礎觀念，不需具備一定的閱讀能力也能進行解題，因此與閱讀策略融入數學教學的相關性較低。相反的，認知層次二與認知層次三之試題需要具備一定的閱讀能力，才能解題，比較能提升學童在進行數學解題時的閱讀策略技巧應用。因此，本文建議教師在進行閱讀策略融入數學教學時，可設計多元且高層次之數學閱讀試題，可促進學童對於閱讀策略的應用熟稔度，對於高層次解題技巧，亦將能有所提升。

後記：本研究曾發表期刊論文，原刊載期刊：林巧敏、彭家文（2024）。閱讀策略融入國小數學科教學對於學生學習動機與成效之影響；以南投縣某國小三年級為例。圖資與檔案學刊，16(1)，1-37。

## 參考文獻

Anderson, L.W., & Krathwohl, D.R. (2001). *A Taxonomy for Learning, Teaching, and Assessing: A Revision of Bloom's Taxonomy of Educational Objectives*. New York: Addison

Wesley Longman.

Anselmo, G. A., Yarbrough, J. L., Kovaleski, J. F. (2017). Criterion-related validity of two curriculum-based measures of mathematical skill in relation to reading comprehension in secondary students. *Psychology in the Schools*, 54(9), 1148-1159.

Astrid, D. (1994). *The Readability of the Mathematics Textbook: with Special Reference to the Mature Student*. UMIPro Digital Dissertations. Retrieved December 9, 2010, from http://www.lib.umi.com/dissertations/fullcit/MQ44873.

Bloom, B.S., (Ed.). (1956). *Taxonomy of Educational Objectives: The Classification of Educational goals*: Handbook I, cognitive domain. New York: Longman.

Burns, P.C., Roe, B.D., & Ross, E.P. (1999). *Teaching Reading in Today's Elementary Schools*. Boston, N.Y.: Houghton Mifflin Company.

Dole, J.A., Duffy, G.G.,& Pearson, P.D. (1991). Moving from the old to the new: research on reading comprehension instruction. *Review of Educational Research*, 61, 239-264.

Esty, W.W. (2003). The language of mathematics. Retrieved from http://server35.hypermart.net/augustus math/

Gagné, E. D. (1985). *Cognitive Psychology of School Learning*. Boston, MA: Little, Brown.

Garderen, D.V. (2004). Focus on inclusion reciprocal teaching as a comprehension strategy for understanding mathematical word problems. *Reading and Writing Quarterly*, 20 (2), 225–229.

Garner, R. (1987). *Metacognition and Reading Comprehension*. Norwood, NJ: Ablex Publishing.

Gibson, E. J., & Levin, H.(1975). The Psychology of Reading. Cambridge, MA: MIT Press.

Gomez, A.L., Pecina, E.D., Villanueva, S.A., & Huber, T. (2020). The Undeniable Relationship between Reading Comprehension and Mathematics Performance. *Issues in educational research*, 30(4), 1329-1354.

Hagena, M., Leiss, D., & Schwippert, K. (2017). Using reading strategy training to foster students' mathematical modelling competencies: Results of a quasi-experimental control trial. Eurasia *Journal of Mathematics, Science and Technology Education*, 13(7), 4057-4085.

Jordan, N. C., Kaplan, D., & Hanich, L. B. (2002). Achievement growth in children with learning difficulties in mathematics: Findings of a two-year longitudinal study. *Journal of Educational Psychology*, 94, 584-597.

Kikas, E., Mädamürk, K.,& Palu, A. (2020). What role do comprehension-oriented learning strategies have in solving math calculation and word problems at the end of middle school? *British Journal of Educational Psychology*, 90 (S1), 105-123.

Kintsch, W.(1988). The role of knowledge in discourse comprehension: A construction-integration model. *Psychological Review*, 95, 163-182.

Kober, N.(2003). What special problems do children whose native language is not English face in learning? Retrieved from http://www.enc.org/topics/equity/articles/document.shtm?input =ACQ-111329-1329.

Lerner, J. W. (2003). *Learning Disabilities: Theories, Diagnosis, and Teaching*. Boston: Houghton Mifflin.

Mayer, R. E. (1987). *Educational Psychology: A Cognitive Approach*. New York, NY: Harper Collins.

Nicolas, C.A.T., & Emata, C. Y. (2018). An integrative approach through reading comprehension to enhance problem- Solving skills of Grade 7 mathematics students. *International Journal of Innovation in Science and Mathematics Education*, 26 (3), 40-64.

Padrón, Y. N., Knight,S. L., & Waxman,H.C. (1986). Analyzing bilingual and monolingual students' perceptions of their reading strategies. *The Reading Teacher*, 39(5), 430-433.

Pressley, M., Goodchild, F., Fleet, J., Zajchowski, R., & Evans, E.D. (1989). The challenges of classroom strategy instruction. *The Elementary*

*School Journal*, 89(3), 301-342.

Roe, B, D., Stoodt, B. D., & Burns, P.C. (1995). *The Content Areas* (4ed.). Houghton Mifflin Company.

全國圖書教師輔導團（2020）。國小圖書資訊利用教育教學綱要。檢自 https://cirn.moe.edu.tw/WebContent/index.aspx?sid=11 86&mid=11733

李自成（2002）。重視數學閱讀。檢自 http://www.zbyz.net/home/jyky/kylw/jxqz/jzqz12.htm

李勇輝（2017）。學習動機、學習策略與學習成效關係之研究；以數位學習為例。**經營管理學刊**，14，68-86。

林芷婕、徐瑞敏（2012）。桃園縣以數位平台推廣教師閱讀教學策略之分享。提升兒童閱讀能力研討會，財團法人功文文教基金會主辦。

林麗華（2006）。**國小數學不同成就學生對數學文字題的閱讀能力之探討**（未出版之碩士論文）。國立臺南大學，臺南市。

邱筠茹（2020）。**閱讀理解策略在課堂中實踐之行動研究**。教育專業創新與行動研究徵件活動，臺北市。

柯華葳（2010）。**閱讀理解策略教學手冊**。臺北市：教育部。

柯華葳、幸曼玲、陸怡琮、辜玉旻（2010）。**閱讀理解策略教學手冊**。臺北市：教育部。

胥彥華（1989）。**學習策略對國小六年級學生閱讀效果之研究**（未出版之碩士論文）。國立彰化師範大學特殊教育研究所，彰化縣。

秦麗花（2006）。從數學閱讀特殊技能看兒童數學閱讀的困難與突破。**特殊教育季刊**，99，1-12。

秦麗花（2007）。**數學閱讀指導的理論與實務**。臺北市：洪葉文化出版社。

秦麗花、邱上真（2004）。數學文本閱讀理解相關因素探討及其模式建立之研究——以角度單元為例。**特殊教育與復健學報**，12，99-121。

國立臺中教育大學測驗統計與適性學習研究中心（2020）。縣市學生學習能力檢測。檢自 https://saaassessment.ntcu.edu.tw/ExamRelease

康軒文教事業（2021）。康軒數位高手。檢自 https://digitalmaster.knsh.com.tw/v3/pages/e/index.html#year=1122&field=ma&grade=3&item=ebook

張志傑（2014）。**五年級學童幾何主題數學閱讀與後設認知相關之探討**（未出版之碩士論文）。國立臺中教育大學，臺中市。

張景媛（1994）。數學文字題錯誤概念分析及學生建構數學概念的研究。**國立臺灣師範大學教育心理學報**，27，175-200。

教育部（2019）。十二年國教課程綱要。臺北市：教育部。

許育健、徐慧鈴、林雨蓁（2017）。**智慧閱讀：多媒體語文教學模式與實踐**。臺北市：幼獅。

連啟舜（2002）。**國內閱讀理解教學研究成效之統合分析**（未

出版之碩士論文）。國立臺灣師範大學教育心理與輔導研究所，臺北市。

連啟舜、陳弘輝、曾玉村（2016）。閱讀之摘要歷程研究。**教育心理學報**，48(2)，133-158。

陳信豪、黃瓊儀（2020）。淺談課文本位閱讀理解策略教學提升國小學生閱讀理解能力。**臺灣教育評論月刊**，9(5)，98-103。

陳英（2006）。指導數學閱讀培養閱讀能力。**數學教學研究**，1，6-8。

陳碧祥、魏佐容（2011）。提升國小六年級學童數學文字題閱讀理解能力之研究。**台灣數學教師電子期刊**，27，31-56。

陳靜姿（1997）。**國小四年級兒童等值分數瞭解之初解**（未出版之碩士論文）。國立臺中師院國民教育研究所，臺中市。

黃生源（2012）。**國小四年級學生數學學習動機、態度與成就之研究──以臺南市濱海地區為例**（未出版之碩士論文）。國立臺東大學，臺東縣。

黃嶸生（2002）。**整合式閱讀理解策略輔助系統對國小學童閱讀能力和策略運用的效果**（未出版之碩士論文）。國立臺灣師範大學資訊教育研究所，臺北市。

董育銘（2018）。**高雄市國小五年級學童數學閱讀與數學態度關係之研究**（未出版之碩士論文）。國立屏東大學，屏東縣。

劉錫麟（1994）。**數學思考教學研究**。臺北市：師大書苑。

潘麗珠（2009）。**閱讀的策略**。臺北市：商周出版。

蔣大偉（2001）。由工作記憶角度探討數學障礙兒童的表現（未出版之碩士論文）。國立中正大學，嘉義縣。

蕭佳純（2017）。學生學習動機與學業成就關聯之研究：教師創意教學的多層次調節式中介效果。**特殊教育研究學刊**，42（1），79-110。

蘇意雯、陳政宏、王淑明、王美娟（2015）。幾何文本閱讀理解的實作研究。**臺灣數學教育期刊**，2(2)，25-51。

# 第八章　結語

林巧敏[13]

　　前述各章將閱讀融入不同領域教學的調查研究或是實證教學成果，是在課程教學中運用閱讀材料和閱讀策略，以便幫助學生更深入理解各學科的學習內容。將閱讀融入不同學科教學也能促進跨學科的聯繫，例如在數學課提供數學史、數學家傳記或算數在生活情境應用的案例，不僅能提高學習興趣，也能培養學生綜合解決問題的能力。在學科領域課堂提供教科書觀點以外的閱讀材料，可以激發學生的批判性思維，學會分析和評估資訊，並應用所學知識解決現實生活問題。例如在社會科課程中，閱讀歷史事件的多元文本，可以促使學生思考歷史的多樣性和複雜性，並培養他們的觀察和推理能力。當閱讀成為各學科領域教學的必要成分時，學生能夠培養出自主學習的習慣，若學生能在課堂之外，主動搜尋與學科相關的閱讀材料，不僅能夠提高學生的學業成就，更重要的是有助於發展學生終身學習的態度。

　　換言之，將閱讀融入各學科領域教學不僅能夠豐富課程內容，同時可促進學生的批判性思維、建立跨學科的連結和理

---

[13] 國立政治大學圖書資訊與檔案學研究所教授

解、增強學習動機和興趣、培養自主學習能力和終身學習態度。這樣的協同教學方式能為學生提供一個更加全面和多元的學習環境，進而為他們的學習和成長，奠定堅實的基礎。

本章綜合前述各章對於不同領域教學的調查研究或是實證教學成果，總結本書各項研究發現，並分項陳述重點如下：
一、圖書教師與學科教師進行協作教學的挑戰，在於教師的認知與行政支持程度，學校政策若能營造合作的契機，有助於建構跨領域合作的閱讀教學模式。

圖書教師在協作教學中的角色愈來愈受到重視，然而推動協作教學的過程中仍面臨多重挑戰，主要的原因在於行政的支持和教師的協作意願。根據問卷調查分析，不同背景的圖書教師在實施協作教學的認知與態度，除了女性教師比男性教師有比較高的比例曾進行教學融入和共同設計教學計畫（性別背景達到統計顯著差異），在服務年資和擔任圖書教師年資上，皆無顯著差異，顯示個人背景並非推動協作教學的關鍵問題，真正的挑戰是來自於能否獲得學校行政的支持，以及學科教師對於協作的參與意願。協作教學的基礎在於教師之間的共同討論與資源共享，調查顯示多數的圖書教師與學科教師之間的協作，是以共同討論教學內容為主，尚存在著許多有待突破的瓶頸，教師共同規劃時間不足以及協作教學經驗不足是比較大的問題。訪談教師意見顯示現行學校進行協作教學時，常常採取分別上課的模式，即圖書教師與學科教師雖然共同設計

課程,但實際上分別負責教學單元,這樣的模式限制了協作的深度與延續性,也無法有效激發後續的課程合作。若圖書教師與學科教師能加強課程前期的討論,並逐步發展共同經營課程的模式,才更能提升教學成效,使學科內容益加整合,達到協同教學的目的。

既然圖書教師認為尋求合作夥伴是協作教學中較為困難的部分,若沒有學校的政策支持或是主管人員媒合,就需要依賴教師本身的人際關係促成協作機會。圖書教師可以積極參與學校教學計畫,並在校內各種場合(例如:教師例會、教學研討會)介紹自己的角色與資源,讓全校教師瞭解圖書教師能提供的協助與資源,適時以主動爭取的方式,促進跨學科的合作,從而可推進協作教學在校園的進展。

二、歷史教師的資訊需求是因應教學準備及保持專業成長,獲取教學資訊來源以網路檢索為多,雖然認同檔案融入教學的價值,但對於如何運用檔案設計課程的能力不足,期許能獲得檔案教學諮詢和利用教育。

根據檔案融入中學歷史課程的意見調查及焦點訪談結果,呈現中學歷史教師的資訊尋求行為主要集中在教學準備階段,重視並優先考量資訊的正確性與取得便利性,會因取材便利性而常用網路資源。中學歷史教師於課程中運用檔案資料的情形不多,若是有採用檔案資料進行教學設計,也是以容易演示說明的照片、影音資料、口述史料為

多。雖然教師普遍認同檔案的融入教學的效益，但由於教學經營與教材設計能力的不足，教師期望檔案館能提供更多教學的諮詢服務，並能簡化調閱檔案的流程。此外，研究也發現教師對於檔案融入教學的態度不會因年齡、教學年資或參加研習時數，而有所差異，僅有年齡會影響是否使用檔案資料和同儕討論的態度。

因此，未來在推動檔案資料融入歷史課程教學的運用，建議歷史教師可採用探究式教學設計，設計問題導向的學習活動，以促進學生學習興趣；此外，若能與檔案館合作開發融入教學的教材，可促進教學單位與典藏機構的合作。檔案典藏機構若能定期辦理關於檔案應用的工作坊和研習活動，將可提升歷史教師對於檔案的熟悉度與運用能力。同時，教師期許能建立整合性的資源網站，若能根據課程綱要提供教案與檔案資料，應能有效幫助教師們運用檔案設計教學課程，並提供學生線上自學使用。

三、歷史課程加入閱讀檔案資料，並加上探究式教學，可提高學生學習動機和思考層次，即使傳統講述教學在學習成效的記憶層次獲得高分，但閱讀檔案和探究教學，在分析及評鑑層次的成效，卻是隨著課程進展而逐漸凌駕傳統教學。

閱讀在歷史課程的教學實踐中，比較傳統教學以及閱讀檔案融入教學對於學生的學習動機和學習成效有不同程度的影響。在學習動機方面，「檔案融入加探究式教學」方式，可大幅提升學生的學習動機，不僅高於「傳統課文

講述教學」，也高於「檔案融入歷史教學」方式。檢視三種教學法的學習動機，無論是在情感向度、執行意志以及整體得分中，「檔案融入加探究式教學」的表現最為突出，而「傳統課文講述教學」則是在這些指標中表現最差，呈現出學生對於新型教學方法的接受度及興趣。

雖然在學習單的學習成效評量中，轉換為「傳統課文講述教學」的分數最高，相較之下，「檔案融入歷史教學」和「檔案融入加探究式教學」的學習成效，卻不容易立刻反映在測驗成績上，此兩項將閱讀檔案融入教學的方式，即使在學習評量的成績，不如傳統教學直接講授課本重點，因而有利於背誦和短期記憶，在考試中容易獲得出色表現。但長期而言，採用將閱讀檔案資料融入教學的方式，學生答題的學習認知層次，對於高層次的「分析」和「評鑑」成效，領先於「記憶」學習成效。換言之，在傳統課文講述教學中，學生的回答多以記憶和理解為主，內容多為課本內容的重述，當導入檔案資料閱讀後，部分學生能對歷史議題表達出更深入的見解，顯示出「理解」和「分析」能力的進步。而在「檔案融入加探究式教學」的情境下，學生透過小組討論，對歷史問題的思考廣度和深度皆有明顯成長，可達到「評鑑」層次的答題表現，顯示在歷史課程中，加入閱讀檔案資料和探究式學習，對於提高學生的思辨能力有正面影響。

因此，建議歷史教師在教學中，可選擇具趣味性和歷

史意義的檔案資料，並適時加入註解或改寫，以利於學生理解。探究式教學過程可關注低學習成就學生的參與感，增加整體討論和思考的時間，並透過簡報或預習單等方式，強化教學重點的指導，日後必能為中學歷史課程開發不同的教學風景。

四、運用繪本融入教學有助於情境化的學習領域課程，透過繪本圖像的吸引力和投射現實的情節，能將抽象概念更容易轉化為學習內容，有助於提升學生的學習興趣和學習理解成效。

　　在繪本融入國小性平教育的教學實例中，挑選符合教學主題的繪本融入性別平等的教學，研究結果顯示可有效促進國小低年級學童對於身體自主權的認知。由於身體自主權是抽象概念，學童經過性別平等教育主題的繪本教學後，對於身體自主權的認知，比單純以健康課本傳授性平知識有更好的學習成效。學童認為繪本內容吸引人、有趣，且容易理解，使得他們對於課程更有興趣，透過繪本中情節與自身生活經驗相結合，能進一步加深對於身體自主權觀念的理解。不少學童能從繪本中找到與自身經歷相似的情節，這種共鳴感促使他們在課程討論中，更為積極參與。但無論是繪本教學還是課本講授，兩者都能幫助學童學習到基礎的身體自主權概念，只是在實際生活情境的應用上，繪本融入教學的學習成效，會顯著優於傳統的課本講授方式。

因此，研究結果的建議，一是對於課程的設計，可以增加更多的沉浸式教學活動，讓學童能夠在真實情境中應用所學知識，進而鞏固學習效果。其二是教師在選擇繪本時應考慮學童的生活經驗和年齡特點，選擇圖像優美且故事情節容易引發學童共鳴的繪本，以增強學童的學習興趣和理解能力。其三，是學校圖書館可以提供更多適合學童閱讀的繪本，作為課程的輔助教材，這不僅能促進學童的閱讀興趣，也能提升課堂教學的成效。

五、導入閱讀元素的繪本創作教學，對於學生在藝術創作展現的「色彩與元素」、「技法與表現」和「作品傳達」方面，雖與一般課程教學結果沒有明顯差異，但「繪本創作融入教學」的方式，更受學生歡迎。

　　採用繪本創作融入美育課程的教學實例中，無論是「一般課程教學」或是「繪本創作融入教學」，學生在「色彩與元素」、「技法與表現」或是「作品傳達」方面，兩種教學方式，皆有相同的助益。但學生在接受「一般課程教學」後，創造力的表現上沒有提高；當接受「繪本創作融入教學」後，創造力表現，則明顯提高，顯示「繪本創作融入教學」對於學生的創造力有更強的學習體驗。雖然學生在訪談過程，表示「繪本創作融入教學」的難度比較高，卻能帶來更多的學習挑戰，也能學習到更多的技巧，相較之下，「一般課程教學」的手做卡片創作難度比較低，學生的進步感受低於繪本創作。可知繪本創作

的課程因為需要更多的思考與嘗試，除了能啟發創造力之外，亦能夠涵蓋更多的美術創作技巧。

兩種課程設計皆能帶給學生正面的學習歷程感受，在「一般課程教學」的手做卡片創作，可以讓學生體驗到動手創作的樂趣，也學會如何與他人分享情感，而繪本創作，則是更能激發學生的想像力，提升其思考能力和自我表達的技巧。因此，建議學校在藝術與人文課程中，可導入多樣化的主題，以拓展學生的思維和創作潛力。在未來的教學實施中，建議可以不限作品的創作篇幅，讓學生施展更寬廣的創作自由。

六、運用閱讀策略融入數學教學，對於學生的學習動機和學習成效皆有明顯的提升，而學生對於閱讀策略融入數學課程的好感度也高於傳統數學課程，顯然閱讀策略教學和數學領域課程可以有完美的結合。

運用閱讀策略融入數學教學的研究中，根據研究結果，數學科經過閱讀策略的融入，學童的數學學習動機整體平均數明顯提高，尤其在「自我效能」、「主動學習策略」、「數學學習價值」、「成就目標」以及「學習環境誘因」等面向，均達到統計上的顯著差異。此外，學童對於閱讀策略融入教學方式的喜好程度高於傳統數學教學，顯示出閱讀策略能有效提高學童的數學學習興趣及專注度。

在學習成效方面，經過閱讀策略融入教學後，學生的

後測成績皆高於前測成績，且全體受測者的數學成績明顯提升，其中低分群學生的進步尤為明顯，顯示閱讀策略對於學習成效有積極的影響。分析測驗結果的認知層次，除了基礎知識層次沒有太大改變，其餘層次的學習成長已達到統計的顯著性，代表將閱讀策略融入數學教學能有效促進學童在更高層次的數學解題能力。

　　因此，建議教師在實施閱讀策略融入數學教學時，能夠給予學生正向鼓勵及支持，讓學生可以放下學科成績競爭，安心學習閱讀策略的運用；此外，教師可善用閱讀策略技巧，引導學童的數學解題能力，並設計多元且高層次的數學閱讀試題，提供學童反覆練習運用閱讀策略的能力，進而達到提升閱讀理解和解題技巧的目標。

本書介紹閱讀融入各領域教學的概念及其教學設計，根據前述進行的實證教學成果，驗證了在各領域教學融入多元文本閱讀或是閱讀策略教學，皆能有助於提升學生學習興趣或是學習成效，即使不必然全部都達到統計數值的顯著差異，但教學前和教學後的學生回饋皆屬正面，若比較前測和後測分數，顯然後測分數也能有所改善，可證明將閱讀融入學科教學的魅力。根據前述研究成果，對於將閱讀融入各學科教學的優點，可歸納為下列面向：

## 一、提升學科內容的理解能力

無論是導入閱讀文本或是閱讀策略皆能協助學生對於學科學習內容的瞭解,教師提供與學科內容相關的閱讀材料,學生閱讀文本可加深對於學習概念的理解。閱讀不僅限於文字的解讀,也能促進對於文本內容知識的分析與批判。以閱讀策略融入數學教學為例,閱讀數學文章或應用問題時,學生能夠更清晰地理解數學問題陳述的語意,思考題意的邏輯推理,達到更好的學習效果。

## 二、發展批判思維與問題解決能力

理想的學習方式不是記憶,而是需要理解內容、思辨和應用。當學生閱讀科學、社會或語文學科教材時,需要學習分析、比較、評估資訊觀點,並反思在生活的應用,以形成自己獨立的見解。大量閱讀前人知識可以承襲智慧,並開展新觀點,若再經過閱讀和討論分享的過程,更能採擷不同觀點,啟發新思維,若能培養學生批判思考的方式,能幫助學生在面對複雜問題時,具備更強的問題解決能力。

## 三、培養跨學科知識的整合與應用

閱讀能夠幫助學生建立學科之間的聯繫。例如,學生在閱讀有關氣候變遷的內容,需要同時運用到地理、科學、政治學

和經濟學的知識。學生養成樂於閱讀、習慣閱讀的態度，可主動接受多元主題內容資訊，擴大資訊取用範圍，也促成各種學科知識的融會貫通，這樣的閱讀經驗，不僅可加強不同學科之間的連結，也建構了學生的綜合思維能力，幫助學生將不同學科的知識進行整合，從而可應用於現實生活中。

## 四、促進資訊素養與終身學習能力

身處海量資訊的現代社會中，具備資訊素養能力越來越重要，一個有資訊素養的人能夠明確界定所需資訊的範疇，辨明所需資訊內容的廣度與深度，且能運用資訊工具或媒體有效率地搜尋所需資訊，同時謹慎精準的評估資訊及其周邊相關的資源。資訊素養能力應從小培養，學校教育需要肩負教導責任，必須將資訊素養教育融入教學中，而閱讀課程往往是跨領域的學習，是資訊素養教育的理想課堂，教師可以運用閱讀課程實施資訊素養教育，培養學生從資訊檢索到運用的知識，惟有具備資訊素養能力，才能建立終身學習的態度。

## 五、增強學生的自主學習能力

十二年國教總綱的「核心素養」是指一個人為適應現在生活及面對未來挑戰，所應具備的知識、能力與態度。因為我們無法預測未來的世界需要什麼樣的能力，所以我們需要教導學生養成終身學習的態度和能力。素養導向的教學就是要培養學

生帶得走的能力,而閱讀正是培養學生自主學習的重要手段,透過閱讀能讓學生學會如何自行探索知識,發展自我學習的能力。閱讀能讓所有人終其一生擁有找尋資訊、分析資訊和運用資訊的能力,從而可因應未來環境變化的所有要求。

因此,將閱讀融入各學科的教學,不僅促進了學生對於各學科知識的掌握,也能利用閱讀文本導入情境,引導討論、培養思辨能力,增強了學生的批判性思維和問題解決力。閱讀教學往往也是建構學生資訊素養能力的教育過程,培養學生具備檢索資訊和運用資訊的自學能力,相當有利於學科的深化學習,對於未來的終身學習發展也能奠下堅實的基礎。

因此,將閱讀融入教學無論是對於提升學校教育或是國家競爭力,皆具有重大的意義和影響。但閱讀教學要能發揮成效,需要有教學策略和計畫,因此,對於如何將閱讀融入不同學科領域的教學,根據前述研究經驗,提出學校對於實施閱讀教學的建議如下:

## 一、根據學科特性選擇適合的閱讀材料

不同學科對於閱讀材料的需求各不相同,需要針對不同學科教學內容篩選合適的閱讀材料。教師應選擇與學科教學目標匹配的閱讀材料,並確保這些文本內容能夠支持學生對於學科核心概念的理解。例如在自然學科可選擇結合實驗報告、科學論文或科普文章的閱讀材料,幫助學生學習如何分析數據、解

釋科學現象。在社會學科可帶入社會議題、政策分析或文化評論等文章，幫助學生學習從多元角度觀察社會現象，並應用課堂所學進行解釋。

## 二、運用文本設計結合情境的教學內容

學生對於學習的知識，如果能夠連結到實際的情境脈絡，能讓學習產生更大的意義，例如在教數學「比值」的概念，若是能在教數學符號與概念理解前，先鋪陳一個脈絡、情境，讓學生知道什麼樣的情況下會用到比值？用比值可以解決什麼問題？利用閱讀文本帶入實際應用的情境，讓學生可以將所學知能遷移至實際生活或新情境中，產生「做中學、學中做」的靈活運用，可以提升學生對於學習的動機，對於學習到的知識在面對未來也能有更好的發揮。

## 三、結合文本教導閱讀理解策略

「閱讀理解策略」是讀者視文章性質或閱讀目的不同而調整閱讀的方法，以達到閱讀理解的效果。這些促進閱讀理解的技巧，能透過課室教學的學習，變成閱讀過程自動化的反應。通常學習成效比較好的學生，總能流暢地綜合各種閱讀理解策略的使用，並在閱讀過程中，自動地選用對於學習當下最有幫忙的策略。在閱讀融入領域教學的過程中，各領域教師在學科教學過程中，可運用學科文本導入有系統的閱讀策略教學，不

僅能改善學生閱讀理解能力，亦能提升學生的學業成就。當教師在閱讀前或閱讀過程中，可以鼓勵學生進行預測和提問策略，能有助於保持閱讀的積極參與。教師亦可指導學生如何識別文本中的關鍵詞和主旨句，幫助學生掌握文本內容的核心觀點和邏輯結構。教師教學運用摘要與重述策略，指導學生以自己的話重述所讀內容，不僅能促進理解，也有助於加深記憶和反思學習。

## 四、運用多元化文本及閱讀來源

現代教育理念提倡尊重多元價值，教師可儘量運用多樣化的閱讀來源與文本形式，增強學生的學習興趣與學習成效。藉由閱讀教學課程可以調整偏重學科知識的灌輸式教學型態，藉由提問、討論、摘要、展演、情境體驗等有效的教學活動，能夠引導學生創新思維和省思。特別是科學和數學領域，若是學生能夠透過圖形、影片，理解抽象化的學科知識或理論，不僅能幫助學生跨越單一文本的限制，也能開啟更為豐富的學習資訊來源。

## 五、建立跨學科合作教學模式

學校可以透過議題設計不同領域的合作教學，讓來自不同學科的教師圍繞議題，運用閱讀素材進行備課討論，閱讀教學可以促進學科之間的知識整合，將教學設計加入跨學科的主題

閱讀，例如環境問題、社會公平或新科技發展等，順勢結合不同領域教學融入主題閱讀，能讓學生從不同學科視角，理解一個複雜的學習議題。

總而言之，將閱讀融入領域教學需要教師有策略性地設計教材、教學活動和指導方法，基於學科特性、學生能力和學習目標的差異，選擇合適的閱讀材料並引導學生有效地運用閱讀理解策略。將閱讀融入領域教學，不僅能增強學生對學科知識的理解，亦可培養學生的批判性思維、自主學習能力以及跨學科知識的整合能力。期盼透過跨領域合作教學的實踐，能開啟學校教學的新風貌。

國家圖書館出版品預行編目(CIP)資料

閱讀在領域教學的實踐/林巧敏編著. -- 初版. -- 臺北市：元華文創股份有限公司，2025.03
面； 公分

ISBN 978-957-711-424-2 （平裝）

1.CST: 閱讀指導 2.CST: 教學研究 3.CST: 中小學教育 4.CST: 文集

523.307　　　　　　　　　　　　　　113018538

# 閱讀在領域教學的實踐

林巧敏　編著

發 行 人：賴洋助
出 版 者：元華文創股份有限公司
聯絡地址：100 臺北市中正區重慶南路二段 51 號 5 樓
公司地址：新竹縣竹北市台元一街 8 號 5 樓之 7
電　　話：(02) 2351-1607　　傳　　真：(02) 2351-1549
網　　址：https://www.eculture.com.tw
E‐m a i l：service@eculture.com.tw
主　　編：李欣芳
責任編輯：立欣
行銷業務：林宜葶
出版年月：2025 年 03 月 初版二刷
定　　價：新臺幣 500 元

ISBN：978-957-711-424-2 (平裝)

總經銷：聯合發行股份有限公司
地　　址：231 新北市新店區寶橋路 235 巷 6 弄 6 號 4F
電　　話：(02)2917-8022　　傳　　真：(02)2915-6275

版權聲明：

本書版權為元華文創股份有限公司(以下簡稱元華文創)出版、發行。相關著作權利(含紙本及電子版)，非經元華文創同意或授權，不得將本書部份、全部內容複印或轉製、或數位型態之轉載複製，及任何未經元華文創同意之利用模式，違反者將依法究責。

本著作內容引用他人之圖片、照片、多媒體檔或文字等，係由作者提供，元華文創已提醒告知，應依著作權法之規定向權利人取得授權。如有侵害情事，與元華文創無涉。

■本書如有缺頁或裝訂錯誤，請寄回退換；其餘售出者，恕不退貨■